MÉTHODE

DU TAILLEUR.

Propriété de l'Auteur.

Lavigne

Paris.— Imprimerie administrative de Paul DUPONT.

MÉTHODE

DU

TAILLEUR,

OU

TRAITÉ COMPLET DE COUPE

Mis à la portée de tous les Praticiens.

OUVRAGE ORNÉ DE **155** MODÈLES OU PLANS GÉOMÉTRIQUES,

Avec lequel on peut apprendre seul l'Art du Tailleur.

Par LAVIGNE,

Professeur de Coupe.

2ᵉ ÉDITION, REVUE ET AUGMENTÉE.

PARIS,

CHEZ L'AUTEUR, RUE SAINT-HONORÉ, 199.

1843

INTRODUCTION.

En cherchant à propager ma méthode, je n'ai pas la prétention de me croire plus de talent qu'un autre ; je dirai seulement, avec vérité, que, si difficile que puisse être la profession du Tailleur, elle paraît souvent plus difficile qu'elle ne l'est réellement, en ce qu'elle est remplie de désagréments occasionnés par les caprices, les modes, les diverses structures, et, jointe à cela, la difficulté des affaires : l'un ou l'autre de ces inconvénients vient tour à tour interdire au praticien la faculté de se livrer librement à l'étude de cet art si difficile à saisir ; ce qui fait que celui qui veut devenir bon Tailleur par ses propres idées reste longtemps apprenti, quand toutefois il ne l'est pas toujours.

Depuis dix ans que je pratique la coupe, j'ai toujours cherché à atteindre la perfection ; pour y parvenir, je n'ai pas reculé devant les sacrifices de temps et d'argent qu'il m'a fallu faire ; j'ai essayé de tous les moyens ; j'ai créé des systèmes de mesures, des corsages mécaniques, et j'ai reconnu que leur application, plus longue et plus incommode que le ruban métrique, laissait une impression peu favorable, sans pour cela obtenir de meilleurs résultats, à l'exception cependant de quelques personnes dont la structure dévie de beaucoup des proportions ordinaires.

Le meilleur des systèmes est celui qui, par une combinaison simple et facile, met à même de créer des modèles d'un bon aplomb et bien en rapport avec la structure des personnes à qui l'on prend mesure.

Le talent d'un bon Tailleur tient premièrement à savoir bien prendre les mesures, afin de juger le mieux possible de la conformation de l'homme que l'on doit habiller ;

Secondement, à connaître bien à fond un bon système, pour savoir au juste les proportions qu'il faut à chaque conformation ;

Troisièmement, à savoir varier sa coupe suivant son goût et la mode, pour être sûr de ne rien changer des points de l'aplomb qui ne doivent pas varier ;

Quatrièmement, à savoir parfaitement essayer, pour juger, quand un effet ne va pas, d'où part le défaut et par quelle cause il est occasionné.

Ces quatre points principaux forment les quatre premières parties de ma MÉTHODE. Les pantalons et gilets feront le sujet des 5e et 6e parties. Chacune d'elles est classée à la suite l'une de l'autre et démontrée le plus clairement qu'il est possible de le faire, afin qu'à la première vue on puisse saisir la portée de chaque explication.

Je ne saurais trop engager MM. les Tailleurs à essayer ma méthode ; ils seront bientôt convaincus des avantages qu'ils pourront en tirer : je ne donnerai pas seulement pour conviction l'épreuve que j'en ai faite en la pratiquant moi-même ; mais j'offre le témoignage des personnes qui l'ont apprise et s'en servent chaque jour avec succès.

MÉTHODE DU TAILLEUR.

PREMIÈRE PARTIE.

DES MESURES.

Quand on prend mesure, on ne peut jamais apporter trop d'attention, car il est difficile de la bien prendre; ce qui le prouve, c'est que les personnes qui en ont la grande habitude peuvent prendre mesure plusieurs fois à la même personne et ne pas toujours revenir sur le même chiffre : aussi arrive-t-il que, dans les systèmes où l'on emploie beaucoup de mesures, on est plus sujet à manquer que dans les autres, parce que, dans le nombre, il s'en trouve souvent de fausses qui induisent en erreur, et font quelquefois déranger une bonne coupe pour la rendre mauvaise.

La mesure qui demande, entre autres, le plus d'attention est celle de la grosseur du haut, parce que c'est elle qui sert à établir le modèle sur lequel on doit couper le vêtement; car si l'on prend cette mesure libre, on peut la prendre quelques centimètres de plus qu'on ne porte réellement, et l'on coupera également le vêtement d'une dimension trop grande, ce qui occasionnera des retouches embarrassantes. On doit même, quand on prend cette mesure, observer si le client ne se gonfle pas, et si l'on s'en apercevait, il vaudrait mieux la lui reprendre une seconde fois, que de s'exposer à couper sur une mesure qui peut être trop grande de quelques centimètres.

Les mesures que je démontre aux figures suivantes sont toutes utiles; mais les plus importantes sont la grosseur du haut et du bas, la longueur de la taille et la largeur de la carrure, en suivant du coude au poignet; car, pour les autres, quand elles ne sont pas prises très justes, elles sont aussi nuisibles qu'elles sont utiles quand elles sont prises exactement.

DES MESURES LES PLUS IMPORTANTES POUR HABITS ET REDINGOTES.

Figure 1re.

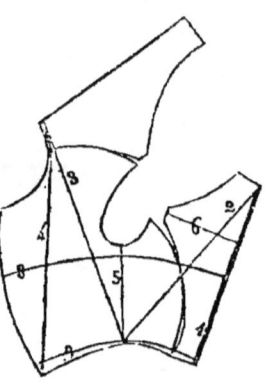

1. Longueur de taille et des basques.
2. Longueur du milieu du haut du dos à la hanche, passant par-dessus l'omoplate.
3. Partant du même point à la hanche, en passant par-dessus l'épaule.
4. *Idem*, passant par-dessus l'épaule, en bas du devant, à la hauteur du nombril.
5. Hauteur du côté, prise du dessous du bras à la hanche.
6. Largeur de la carrure, en suivant du coude au poignet.
7. Grosseur du gros du bras, *idem* au-dessous du coude et au poignet.
8. Grosseur du haut, à la hauteur de la poitrine, prise par-dessus le gilet, en tenant la mesure bien juste.
9. Grosseur du tour de la ceinture, prise à la volonté de celui à qui on prend mesure.

Fig. 2.

La longueur de la taille doit toujours être bien prise juste à son point, de manière que, si le vêtement ou la mode exige une taille plus longue, on sache au moins de combien on dépassera les proportions.

La seconde mesure qui traverse l'omoplate enseigne, quand le devant est tracé, si le côté a trop ou pas assez de rond.

La troisième mesure, qui passe par-dessus l'épaule, partant du milieu du haut du dos à la hanche, enseigne si l'épaulette a trop ou pas assez de longueur.

DE LA MÉTHODE.

Beaucoup de Tailleurs sont dans l'erreur de croire que la parfaite connaissance de notre art ne peut dépendre d'une méthode, et pensent que le talent tient à l'intelligence de celui qui pratique. Sans doute l'intelligence est pour beaucoup, parce que le praticien doit pourvoir à mille petits détails qu'occasionnent les variations de conformation, des modes et des caprices; mais, quoi qu'il en soit, le secret de notre art consiste à habiller l'homme tel qu'il est fait. C'est ici le cas où la méthode vient à son secours; avec elle, le Tailleur le moins intelligent peut, sans chercher, se créer facilement des modèles pour toutes les structures : il surmonte par là tous les inconvénients.

Le Tailleur qui ne coupe pas par des principes dont il est bien pénétré coupe avec incertitude; la moindre préoccupation le distrait, le trouble et le fait couper au hasard. Il en est de la coupe comme d'un jeu quelconque; celui qui connaît bien la partie, les distractions ne lui font presque rien, et il gagne souvent; celui qui, au contraire, ne la connaît pas, calcule davantage, s'embrouille plus facilement et ne réussit que quand le hasard le favorise.

Pour être bien pénétré d'une coupe, il faut savoir, sans une longue combinaison, combien il faut de centimètres dans telle ou telle partie d'un corsage pour un homme de telle ou telle proportion. Quand une fois on sait se créer des modèles de cette manière, rien n'est plus facile ensuite que de varier sa coupe suivant les conformations ou les caprices de la mode, sans cependant s'écarter des points d'aplomb qui ne doivent jamais varier; puisque l'homme ne change pas de forme, rien ne doit être changé des proportions. Il ne s'agit donc que d'ôter du dos pour ajouter au devant, ou retirer du devant pour ajouter au dos; joignez à cela quelques changements dans les détails, opérés soit par les suçons ou le tendage, ou autres petites variations que le goût ou la mode nous suggèrent, pour réunir à la fois la grâce et la justesse, en donnant au vêtement une autre apparence; mais le fond, c'est-à-dire ce qui constitue le véritable aplomb, ne doit jamais varier; car, si gracieux que puisse être un vêtement, il ne peut avoir de mérite si la coupe n'est pas bien en rapport avec la structure de l'homme pour qui il est coupé; et quand ce vêtement doit être retouché, il perd presque toujours la grâce et le coup d'œil que l'on s'était efforcé de lui donner.

DEUXIÈME PARTIE.

DU TRACÉ.

Pour bien connaître une coupe et pouvoir la varier selon sa fantaisie, sans s'exposer à changer l'aplomb, il faut bien apprécier les proportions de l'homme, afin de bien établir les proportions du modèle, et pour établir des modèles en rapport avec sa conformation. On ne peut y parvenir qu'au moyen des mesures; mais pour créer un corsage rien qu'avec des mesures, il en faut beaucoup, et si dans le nombre il y en a de fausses, le modèle ne sera pas exact; d'ailleurs, ce genre de tracé devient compliqué, ennuyeux et peu sûr.

Le moyen le plus simple pour établir des modèles est de se servir de la mesure qui peut nous donner un point de départ; cette mesure étant divisée, chacune de ses parties nous démontrera au fur et à mesure combien nous aurons à nous écarter ou à nous rapprocher du point central, pour marquer telle ou telle partie du corsage.

La seule mesure qui puisse nous établir un modèle est la grosseur du haut, parce qu'il est évident que le tour du cou et des épaules, la largeur de carrure et de poitrine sont presque toujours proportionnés à la grosseur du haut; eh bien! en divisant cette grosseur par tiers et par quart, on établit facilement un modèle bien en rapport à la structure et d'un bon aplomb.

Quelle que soit la proportion sur laquelle on désire établir un modèle, on se servira du quart de la grosseur totale du haut et du tiers de la demi-grosseur également du haut, et on n'oubliera pas de retirer 2 centim. à l'une et à l'autre de ces parties; car si l'on employait ces deux parties entières sans en extraire 2 centimètres à chacune, on tracerait le modèle trop grand. Ainsi, je suppose que l'on désire tracer un modèle pour un homme qui porte 88 centimètres de grosseur totale du haut;

Le quart de 88 est de 22; retirez 2, reste 20.
Le tiers de 44 est de 14 2/3; retirez 2, reste 12 2/3.

Ces deux derniers chiffres suffisent pour former un modèle,

en les employant de la manière démontrée par lettres alphabétiques dans les exemples suivants.

Pour établir un modèle avec ces deux chiffres, il faut avant tout un point central, ou point de départ, que nous trouvons en formant une croix (Voir *fig.* 3) : le milieu A sert de point de départ pour marquer les autres points qui permettent d'établir le modèle.

Je pense que le Tableau suivant, où chaque point est désigné par lettre alphabétique, fera comprendre aisément ce genre de tracé, qui d'abord peut paraître compliqué à la première vue, malgré qu'il soit prompt et facile à exécuter; car, quand une fois on sait en saisir la clef, quelques minutes suffisent pour tracer un modèle.

TRACÉ DES DEVANTS.

Pour tracer les devants avec le centimètre, on se sert du quart de la grosseur totale du haut et du tiers de la demi-grosseur également du haut, et l'on retire 2 centimètres à chacune de ces deux parties, ainsi que les explications suivantes le démontrent par les lettres AB GH AJ. (*Le milieu de la croix A est le point de départ.*)

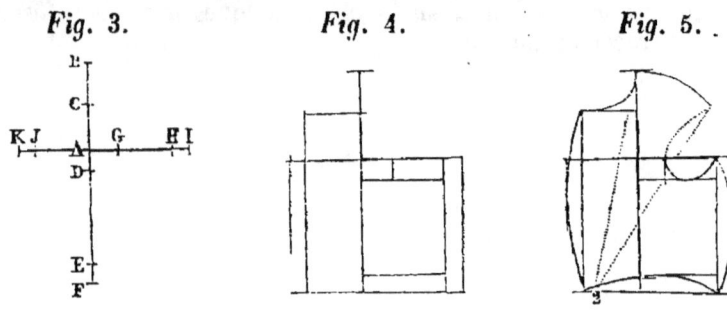

Fig. 3. *Fig. 4.* *Fig. 5.*

EXEMPLE.

AB Hauteur d'épaulette, 2 c. de moins que le quart de la grosseur du haut.
AC Hauteur d'encolure, moitié de la distance de AB.
AD Profondeur d'emmanchure, moitié de AC.
DE Hauteur du petit côté, suivant la mesure prise sur le client.
EF Longueur du devant, 1 c. de moins que AD.
AG Ecartement d'emmanchure, 1 c. de plus que AD.
GH Ligne des crochets, 2 c. de moins que le tiers de la demi-grosseur du haut.
HI Lignes du côté, le tiers de GH.
AJ Lignes d'encolure, 2 c. de moins que le tiers de la demi-grosseur du haut.
JK Ligne de poitrine, 1 c. de moins que HI.

Ces points ainsi marqués, comme à la *fig.* 3, on doit former l'encadrement conforme à la quatrième, et dessiner ensuite le devant comme la cinquième figure le représente. Pour tracer l'épaulette, à défaut de compas, on se sert de la mesure, que l'on tient d'une main à 2 c. du bas du devant, et de l'autre main, avec un morceau de craie, on trace l'épaulette, et sa largeur se détermine suivant le dos qui doit toujours être coupé d'avance.

Pour la facilité des personnes qui n'ont pas l'habitude des plans géométriques, je reproduis ici autant de modèles qu'il y a de divisions, avec leurs explications en rapport.

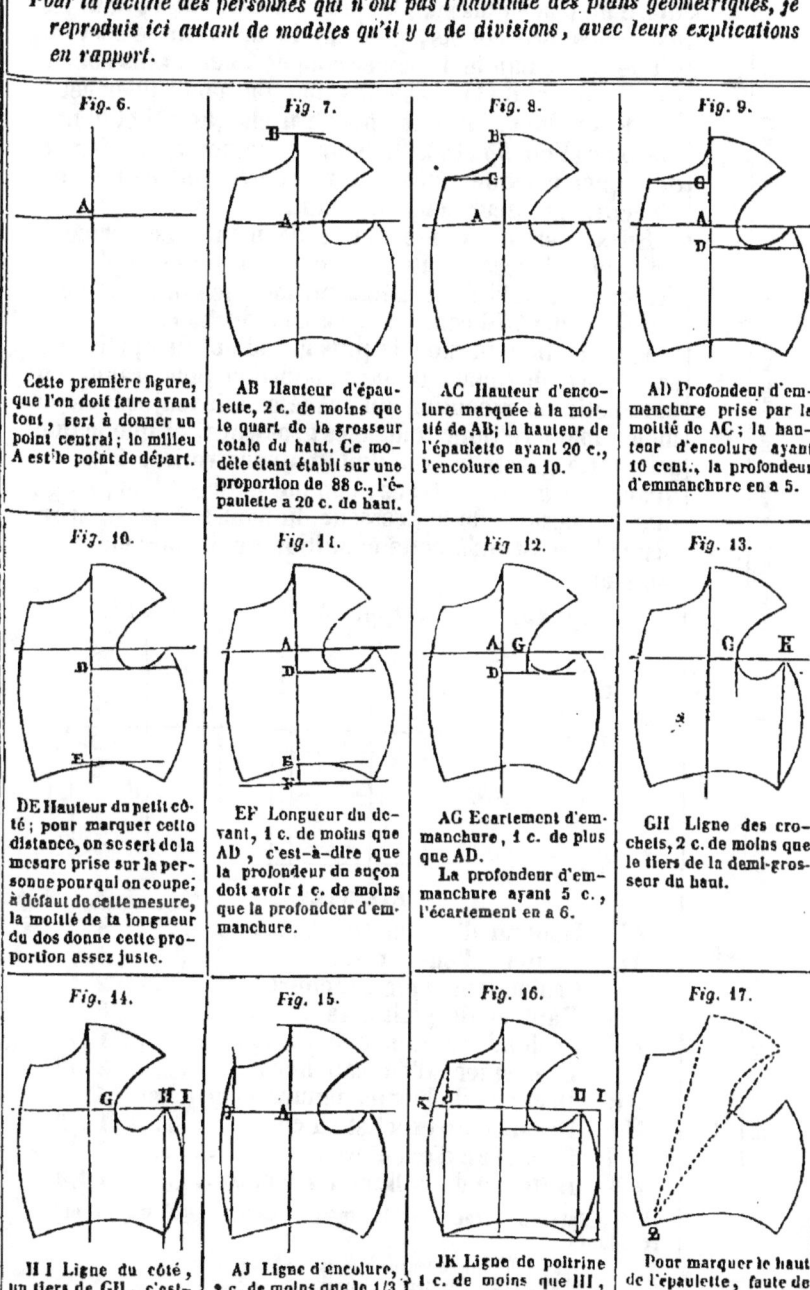

Fig. 6. — Cette première figure, que l'on doit faire avant tout, sert à donner un point central; le milieu A est le point de départ.

Fig. 7. — AB Hauteur d'épaulette, 2 c. de moins que le quart de la grosseur totale du haut. Ce modèle étant établi sur une proportion de 88 c., l'épaulette a 20 c. de haut.

Fig. 8. — AC Hauteur d'encolure marquée à la moitié de AB; la hauteur de l'épaulette ayant 20 c., l'encolure en a 10.

Fig. 9. — AD Profondeur d'emmanchure prise par la moitié de AC; la hauteur d'encolure ayant 10 cent., la profondeur d'emmanchure en a 5.

Fig. 10. — DE Hauteur du petit côté; pour marquer cette distance, on se sert de la mesure prise sur la personne pour qui on coupe; à défaut de cette mesure, la moitié de la longueur du dos donne cette proportion assez juste.

Fig. 11. — EF Longueur du devant, 1 c. de moins que AD, c'est-à-dire que la profondeur du soçon doit avoir 1 c. de moins que la profondeur d'emmanchure.

Fig. 12. — AG Ecartement d'emmanchure, 1 c. de plus que AD.
La profondeur d'emmanchure ayant 5 c., l'écartement en a 6.

Fig. 13. — GH Ligne des crochets, 2 c. de moins que le tiers de la demi-grosseur du haut.

Fig. 14. — H I Ligne du côté, un tiers de GH, c'est-à-dire que le tiers de l'emmanchure au crochet donne la distance qu'il doit y avoir entre le crochet et le côté.

Fig. 15. — AJ Ligne d'encolure, 2 c. de moins que le 1/3 de la demi-grosseur du haut; cette ligne, comme on le voit, sert en même temps à marquer la largeur du bas.

Fig. 16. — JK Ligne de poitrine 1 c. de moins que HI, c'est-à-dire que la poitrine doit avoir 1 c. de moins de rond que le côté.

Fig. 17. — Pour marquer le haut de l'épaulette, faute de compas, on se sert de la mesure; le dos, que l'on coupe d'avance, détermine la largeur de l'épaulette.

— 10 —

Fig. 18. Les personnes qui désireraient se servir d'une manière de tracé plus simple que celle démontrée dans les exemples précédents, peuvent le faire en se servant d'une petite bande de papier coupée 2 cent. plus courte que le quart de la grosseur totale du haut; plier cette bande en huit, faire une hoche à chaque pli et le numéroter (Voir *fig. 18*). La figure représente une bande de papier marquée 2 cent. plus courte que le quart de 70 cent., grosseur totale du haut.

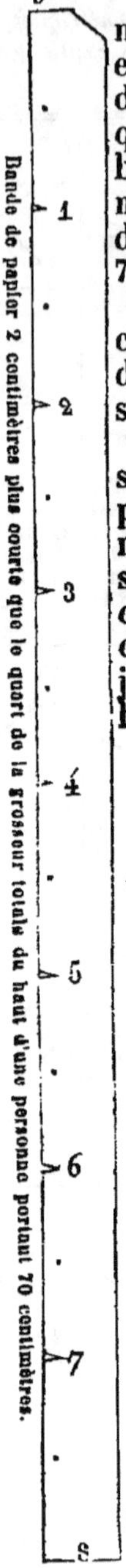

En se servant d'une bande de papier conforme à celle-ci, il sera facile, en observant l'exemple ci-dessous, d'établir soi-même un modèle pour une personne portant 70 cent. de grosseur du haut.

Pour établir un modèle plus grand ou plus petit, on se servira du quart d'une proportion plus grande ou plus petite: l'exécution du tracé se fait toujours de la même manière pour toutes les grosseurs, et quelle que soit cette grosseur, on doit toujours retirer 2 c. du quart. Ce genre de tracé, comme le précédent, exige que la mesure de la grosseur du haut soit prise très-juste; ce n'est qu'à cette condition qu'on obtiendra de bons modèles.

Fig. 19.   *Fig. 20.* 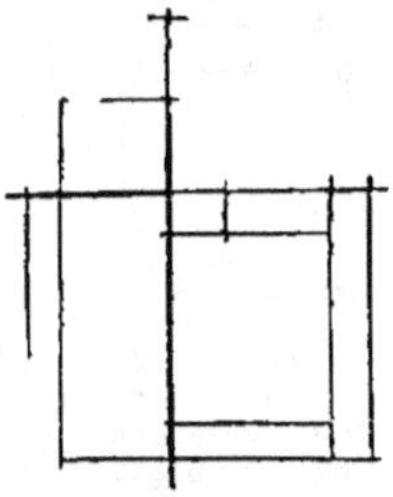   *Fig. 21.*

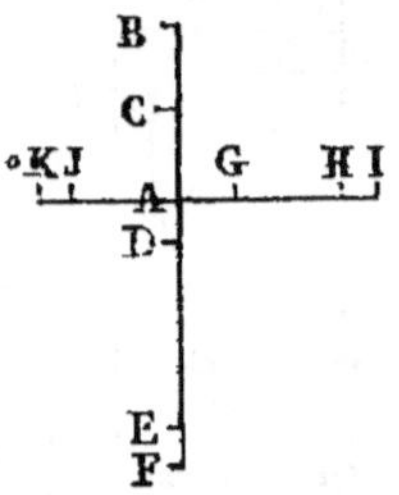

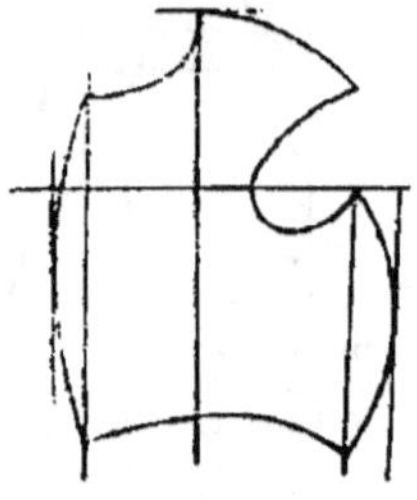

EXEMPLE.

AB	Hauteur d'épaulette................	8
AC	Hauteur d'encolure.................	4
AD	Profondeur d'emmanchure.........	2
DE	Hauteur du petit côté..............	8
EF	Profondeur du suçon...............	1 1/2
AG	Écartement d'emmanchure.........	2 1/2
GH	Distance de l'emmanchure au crochet	5
HI	Distance du crochet au côté........	1 1/2
AJ	Longueur d'encolure...............	5
JK	Distance de la ligne d'encolure.....	1 1/4

L'épaulette se trace de la même manière qu'aux exemples précédents.

8 Veut dire la longueur de la bande de papier.
4 — la demi-longueur.
2 — le quart, etc., etc.

Bande de papier 2 centimètres plus courte que le quart de la grosseur totale du haut d'une personne portant 70 centimètres.

Pour tracer un dos, on doit se servir de la longueur de la taille, ainsi que de la largeur de la carrure, mesure prise sur la personne pour qui on veut couper.

EXEMPLE. *Fig. 22.*

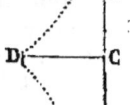

AB   Longueur de taille, suivant la mesure prise.
AC   Hauteur de la carrure, marquée par le tiers de la longueur de la taille.
CD   Largeur de la carrure, suivant la mesure que l'on a prise sur la personne.
AE   Largeur du haut, marquée par le tiers de la largeur de la carrure.
BF   Largeur du bas, un centimètre de moins que la largeur du haut.

Après avoir tracé le dos, on abat le haut, du côté de la couture, d'un centimètre à peu près.

Le dos tracé de cette manière est bien en rapport avec l'aplomb du devant; cependant, si le goût ou la mode le faisait désirer plus large ou plus étroit du haut ou du bas, rien n'empêche de le faire; seulement on en observera la différence, afin de faire subir le changement opposé au devant, pour que rien ne soit dérangé dans l'aplomb du vêtement.

TRACÉ DES MANCHES.

Pour marquer la largeur du carré qui sert à dessiner la manche, on emploie la même mesure que pour les devants, c'est-à-dire 2 centimètres de moins que le quart de la grosseur totale du haut.

Les longueurs du coude et de la manche se marquent suivant les mesures prises.

L'abattement du devant et du talon de la manche se proportionne selon la largeur du carré.

EXEMPLE.

AB Largeur du carré, 2 cent. de moins que le quart de la grosseur du haut.
AC Hauteur du coude suivant la mesure prise.
CD Longueur du carré suivant la mesure.
BE Abattement du devant, moitié de la largeur du carré.
AF Abattement du talon, un tiers de l'abattement du devant.
CG Largeur du coude, 1 c. de plus que les trois quarts de la largeur du carré.
DH Largeur du poignet, moitié de celle du carré.
JK Même distance que AF.

Fig. 23.

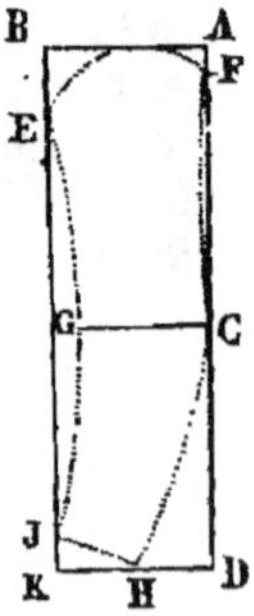

La manche se dessine ensuite telle que le représente cette figure.

TRACÉ DE LA JUPE ORDINAIRE.

Le tracé de la jupe se fait par le quart, la moitié et le tiers de la demi-grosseur de ceinture.

La demi-grosseur marque la largeur du haut de la jupe; le tiers et le quart servent à indiquer la profondeur qu'elle doit avoir au milieu.

EXEMPLE.

AB Demi-grosseur de ceinture, mesure prise sur la personne.
AC Quart de la grosseur, ou moitié de AB.
CD Profondeur de la jupe, un tiers de AB.
AE Abattement du devant, 2 c. de plus que CD.
BF Distance de 10 cent.
FG Id. de 6 cent.

Fig. 24.

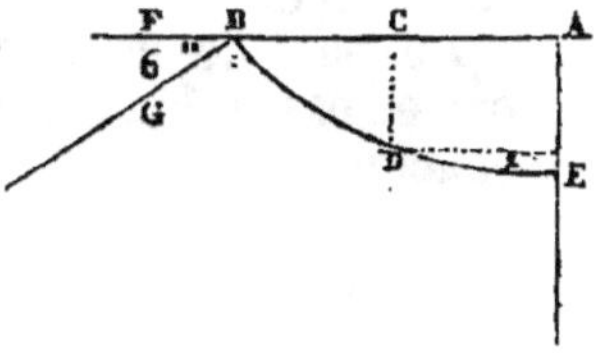

Quelle que soit la grosseur de ceinture, les distances BF et FG ne doivent pas varier.

GRANDE AMPLEUR.

Fig. 25.

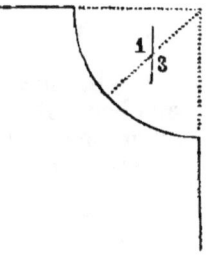

Le tracé de la jupe grande ampleur se fait par le tiers de la grosseur totale de la ceinture; le point de départ est le coin du carré, pour marquer le tiers comme pour cintrer le haut et le bas de la jupe; le derrière ne doit nullement être abattu.

DES BASQUES.

BASQUES ORDINAIRES.

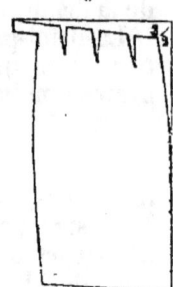
Fig. 26.

Le plus important pour les basques d'habit est d'en connaître l'aplomb, car le reste dépend du goût du praticien et des fantaisies de la mode.

La première figure, quoique moins ample que les deux autres, est cependant celle que l'on fait le plus généralement pour habits de cérémonie.

Le haut de la basque est abattu de 3 c. par en bas et de 2 sur le côté; les suçons de 1 c. chacun.

BASQUES DEMI-FLOTTANTES.

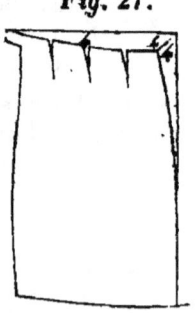
Fig. 27.

Ce genre de basques touche à la fantaisie; son ampleur les rend un peu flottantes; assez généralement on y met des pattes un peu larges. Ces basques étant creusées, on peut faire les suçons un peu moins grands.

Le haut des basques et le rond du pli sont abattus de 4 c.

BASQUES FLOTTANTES.

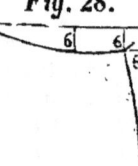
Fig. 28.

Ces basques sont de fantaisie, vu leur grande ampleur. Des suçons seraient nuisibles; il suffit de mettre un peu d'embu; le haut de la basque et le rond du pli sont abattus de 6 c.

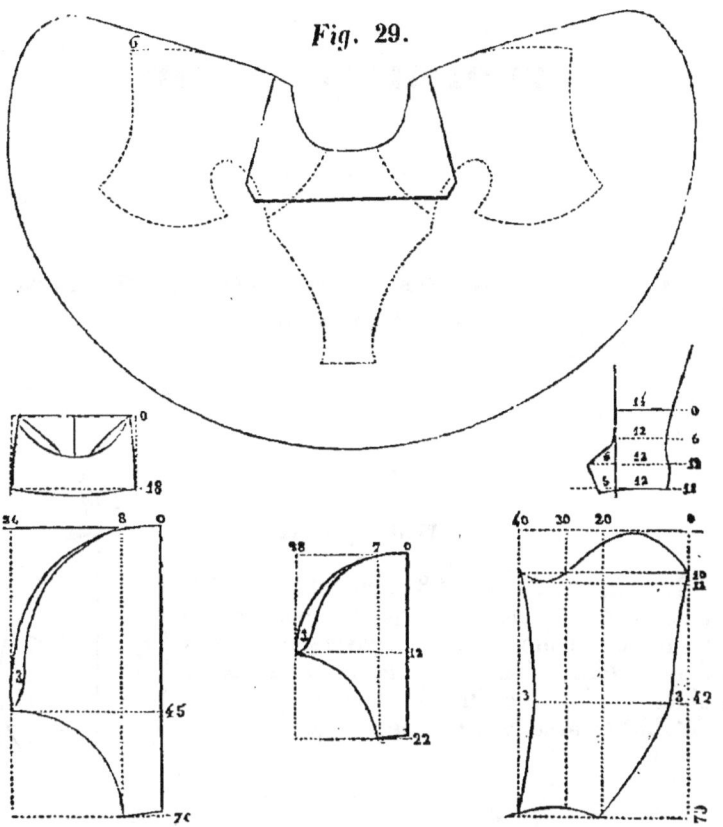

Fig. 29.

Pour couper une pièce d'épaule soit pour manteaux de femme, blouses ou habillements d'enfant, on doit se servir d'un modèle de la taille de la personne pour qui on veut la couper. En réunissant l'épaulette des devants avec celle du dos, on trace le tour de l'encolure de la pièce d'épaule qui doit être un peu plus large que le modèle et doit tomber juste au-dessus de l'épaule. Les devants et le dos étant ainsi réunis, on peut également tracer pèlerines, camails et manteaux.

Les bonnets de police se font assez généralement à 18 c. de hauteur ; le haut 2 c. moins large que le bas; le bas doit être arrondi d'un centimètre et maintenu sur le bord, afin de bien ajuster la tête.

Le plan de la manche à une seule couture, la manche d'amazone, la manche d'enfant, ainsi que la guêtre, peuvent se tracer conformément à ceux-ci, en mettant le même nombre de centimètres démontré à chaque modèle.

TROISIÈME PARTIE.

Des Changements à faire suivant diverses Conformations.

TENUE DROITE.

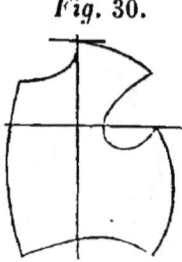

Fig. 30.

Les figures 29, 30 et 31 démontrent la différence qu'il doit y avoir à l'épaulette entre les tenues droite, voûtée et renversée. Celle-ci étant droite, l'épaulette conserve sa hauteur, ainsi que la ligne du milieu, telle que nous l'établit ce système, démontré pages 8 et 9.

TENUE VOUTÉE.

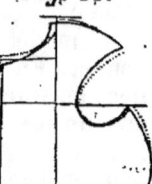

Fig. 31.

Pour une tenue voûtée, la variation est facile à faire, en traçant d'abord le modèle comme pour un homme droit, afin d'avoir sous les yeux de combien est le changement que l'on fait à la coupe, en plaçant l'épaulette et l'emmanchure plus en avant, ce qui rétrécit la poitrine, et laisse par conséquent plus de largeur au derrière. Rentrez ensuite le haut du côté en dedans, pour aider à bien emboîter la convexité du dos, et en même temps rendre l'emmanchure à sa grandeur naturelle. On doit aussi abattre l'épaulette du côté de l'encolure, afin que l'effet porte bien sur le cou et à la taille, et éviter qu'il ne soit trop long sur le devant.

TENUE RENVERSÉE.

Fig. 32.

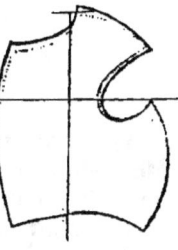

Le changement pour la tenue, renversée se fait à l'opposé de la tenue voûtée; au lieu d'avancer et de baisser l'épaulette, il faut l'allonger et la reporter en arrière; évider moins l'emmanchure, ce qui diminue le côté et donne plus de développement à la poitrine.

Fig. 33.

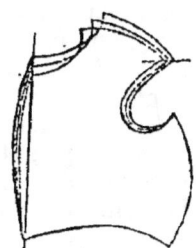

Cette figure est la réunion des trois modèles précédents posés l'un sur l'autre, pour juger plus facilement de la différence d'une coupe voûtée à celle renversée.

Fig. 34.

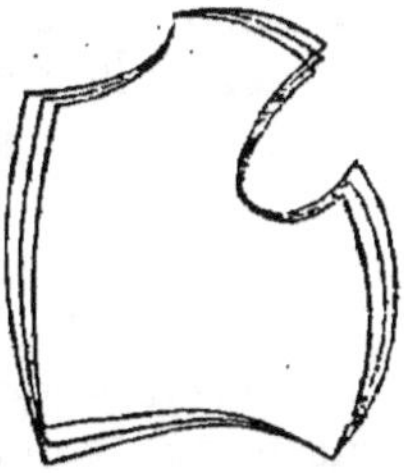

On peut s'assurer de l'effet que produit ce changement opposé d'une tenue à une autre, en mettant les modèles d'aplomb, c'est-à-dire les pointes d'épaulette et des crochets l'une sur l'autre. Le modèle ainsi placé, on voit que le changement fait à l'épaulette opère partout : la tenue voûtée se trouve avoir plus de côté, moins de poitrine et plus courte du devant; la tenue renversée est plus longue du devant, a plus de poitrine et moins de côté.

Fig. 35.

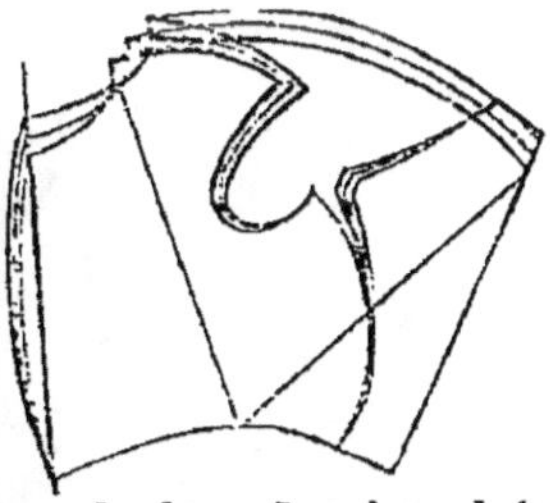

Les hommes voûtés ont naturellement le dos plus long que ceux renversés, et cet exemple démontre encore que les changements faits à l'épaulette opèrent également pour le dos; ainsi on peut juger de la différence de la coupe voûtée à celle renversée, en mesurant la hauteur de l'épaulette avec celle du dos, prenant pour point de départ le milieu du bas. Le dos doit dépasser de 4 c. pour l'homme voûté, de 2 pour celui qui est droit, et pour l'homme renversé le dos et l'épaulette doivent être de la même hauteur.

Fig. 36.

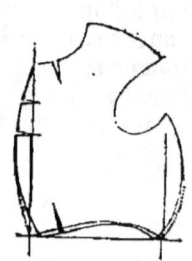

Après avoir tracé un devant tel que cette Méthode l'enseigne, si la personne pour qui on doit couper est mince de taille, le devant pourra se trouver un peu large de ceinture, on pourra dans ce cas le rétrécir sur le devant ou par un suçon placé au bas du devant. Ce n'est que dans le cas où les personnes sont très-minces et très-cambrées, sans cependant avoir le dos plat, que l'on peut retirer un peu de la largeur au bas du côté.
Cette coupe, étant naturellement droite, a besoin d'être peu suçonnée; deux suçons suffisent, soit ceux placés au milieu de la poitrine, ou ceux en haut ou en bas du devant, et si l'on voulait les faire tous les quatre, la coupe se trouverait redressée; il faudrait alors la ramener à son aplomb, en tendant fortement l'encolure et les devants au-dessus des hanches, de manière à la ramener à son aplomb naturel.

Fig. 37.

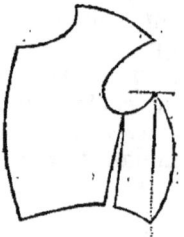

Il arrive quelquefois que, pour rétrécir un devant trop large de ceinture, on fait un suçon au-dessus de la hanche; mais ce moyen est souvent nuisible, parce qu'il fait baisser et ressortir le haut du côté et dérange la coupe.

DU GENRE GROS.

Fig. 38.

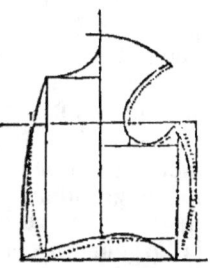

Chez la plupart des hommes gros de ceinture, le ventre se porte en avant ; on devra, dans ce cas, laisser ressortir toute la largeur en avant du carré. Si la tenue est renversée, on peut diminuer un peu le haut du côté en tendant l'encolure et le dessus de la hanche. Des épaulettes étroites sont presque toujours nécessaires aux hommes de cette conformation ; mais on doit y suppléer par la largeur et le rond du haut de la manche, pour qu'elle ne force pas l'épaulette à se déplacer du dessus de l'épaule.

Fig. 39.

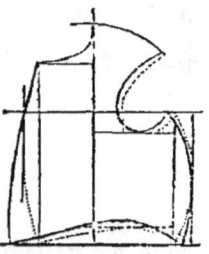

Il est des personnes plus grosses du bas que du haut, qui cependant ne paraissent pas avoir beaucoup de ventre, parce que leur rotondité se répand autour d'elle, et qui ne sont nullement dessinées des hanches ni des reins. Il faut donc qu'il en soit de même de leur vêtement, en laissant ressortir la largeur presque autant derrière que devant. Les hommes de cette conformation ont besoin plus particulièrement encore d'une emmanchure bien ouverte, au moyen d'une épaulette étroite ; quelques personnes pensent qu'une grande emmanchure peut être nuisible, en empêchant l'effet de tenir sur le corps. Lorsqu'une coupe est juste et d'aplomb, l'effet se trouve retenu autour du cou par l'épaulette : si grande que soit l'emmanchure, le vêtement ne peut se déplacer que lorsque la manche manque de largeur et de rond nécessaires pour emboîter l'épaule.

DES VARIATIONS DE COUPES SUIVANT DIFFÉRENTES MODES ET DIVERS GENRES DE VÊTEMENTS.

Fig. 40.

Après avoir tracé le dos suivant la mesure prise sur la personne et le devant selon la demi-grosseur du haut seulement, tout homme portant la même mesure aura la même grosseur du haut ; ainsi donc les largeurs seront bonnes. Mais tous les hommes portant la même grosseur ne sont pas toujours de la même grandeur, ce qui fait qu'il arrive quelquefois que, vu la variation des différentes longueurs de taille, la largeur du côté du devant ne se rapporte pas avec la longueur du côté du dos. Comme le dos se trace en premier lieu et suivant la mesure, c'est donc le côté du dos qui réglera le côté du devant, en retirant ou ajoutant par en bas ce que le devant aura de trop long ou de trop court, mais partout d'égale distance, c'est-à-dire que le bas du devant, dans toute sa largeur, doit toujours rester proportionné à la longueur du côté ; la longueur du bas du devant se trouvant ainsi réglée par le côté du dos, la mesure prise du haut du dos à la hanche, passant par-dessus l'épaule (Voir *fig.* 1, mesure 3) enseignera lorsqu'on aura à raccourcir ou allonger l'épaulette.

Fig. 41.

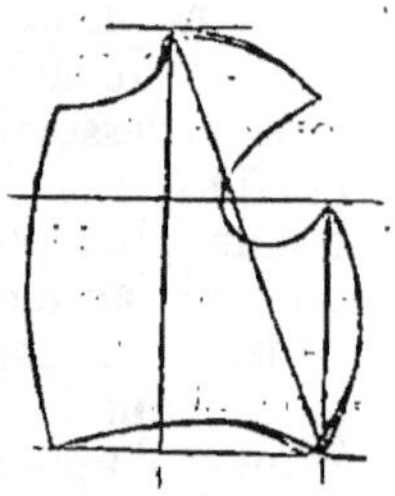

Lorsqu'on coupe un devant pour être travaillé naturellement sans suçons ni tendage, il faut que, en tirant une ligne droite de l'épaulette au crochet, il y ait 1 c. de distance entre cette ligne et l'écartement d'emmanchure ; si l'on veut tendre l'encolure et le dessus de la hanche, pour mieux dessiner le buste et donner plus de grâce, on rentrera un peu le bas du côté, en dedans, et on baissera l'épaulette en l'avançant un peu ; ensuite on tendra l'encolure et le dessus de la hanche, de manière à ce que la ligne du crochet à l'épaulette soit encore à 1 c. de distance de l'emmanchure.

DES VARIATIONS DE COUPES.

Fig. 42.

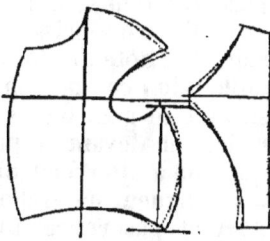

L'aplomb d'une coupe ne pouvant changer, on ne peut que varier la place des coutures; et pour opérer facilement les divers changements que les modes exigent, il suffit de tracer un modèle ordinaire et de mettre le dos en parallèle, le montage du côté du dos vis-à-vis celui du côté du devant; ensuite, si l'on veut baisser la carrure de 1 c., on baissera le côté également de 1 c.; de cette manière, le dos et le devant ne se trouvent nullement dérangés dans leur hauteur et largeur, puisqu'en baissant la carrure, le dos prend de la largeur, de même que le côté en perd. On rentrera ou on ressortira le bas des côtés suivant ce qu'on aura rétréci ou élargi le bas du dos.

Fig. 43.

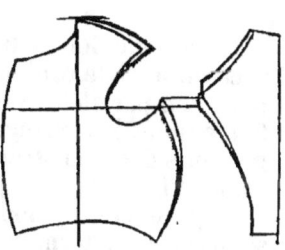

Si l'on désire avoir la carrure plus haute que la coupe ordinaire, au lieu de la baisser comme au précédent modèle, on l'élèvera de ce que l'on juge à propos; le côté devra toujours s'élever à proportion de ce que l'on élève la carrure, et retirer à l'épaulette ce que l'on a ajouté au dos. C'est pourquoi il est utile d'avoir le dos tracé en face du devant, afin d'être plus sûr d'ajouter d'un côté ce qu'on retire de l'autre.

DU PALETOT.

Fig. 44.

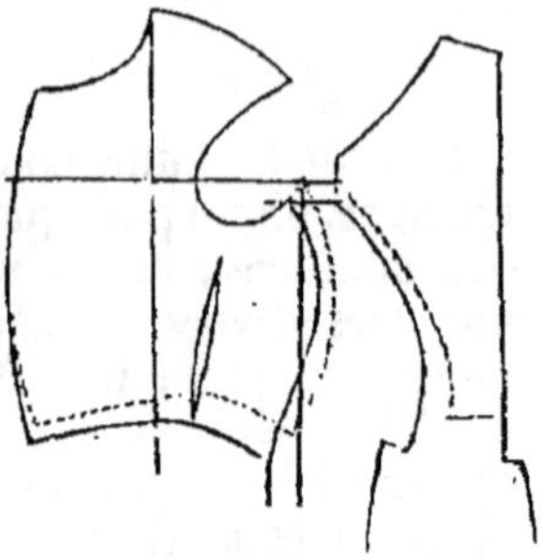

Le tracé du paletot, comme les exemples précédents, se fait avec un modèle ordinaire : on baisse la carrure, on élargit le côté du dos et on allonge la taille selon ce que l'on juge à propos, suivant le goût ou les modes, et l'on retire au devant en proportion de ce que l'on a ajouté au dos. Cependant, à la longueur naturelle de la taille, on ne doit pas retirer tout à fait autant au devant que l'on a ajouté au dos, attendu que le suçon placé au-dessus de la hanche achève de faire perdre au devant ce que le dos lui fournit.

DE L'AMAZONE.

Fig. 45.

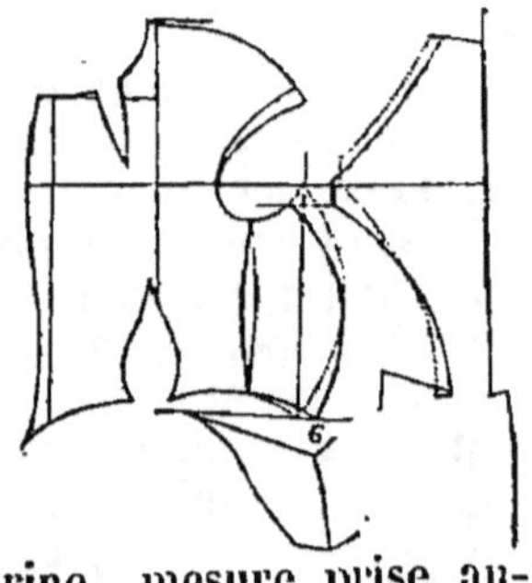

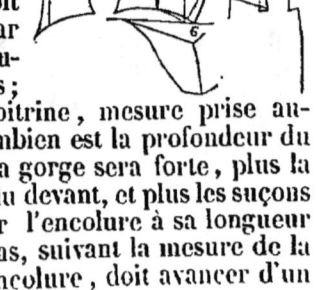

L'amazone doit se tracer également avec un modèle ordinaire, en mettant le dos en parallèle avec le devant ; on fait ensuite les changements selon le goût et suivant la structure de la personne à laquelle on a pris mesure.
La grandeur du modèle dont on doit se servir se détermine également par la grosseur du haut, mesure prise au-dessus de la gorge et non par-dessus ; la largeur d'un des côtés de la poitrine, mesure prise au-dessus du mamelon, enseigne de combien est la profondeur du suçon que l'on aura à faire. Plus la gorge sera forte, plus la mesure forcera à sortir de la ligne du devant, et plus les suçons devront être forcés, pour ramener l'encolure à sa longueur naturelle ; ainsi que la largeur du bas, suivant la mesure de la ceinture, l'épaulette du côté de l'encolure, doit avancer d'un centimètre en avant de la ligne.

DE L'UNIFORME.

Fig. 46.

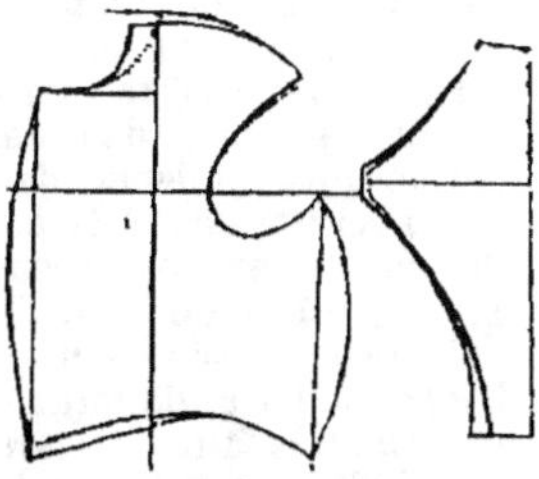

L'uniforme se trace comme les autres corsages, à l'exception de l'encolure à laquelle on fait subir un changement; on doit pour cela ramener l'épaulette en avant de 2 c. et baisser le haut de l'épaulette d'un centimètre. Le buste de l'uniforme devant être coupé un peu long, on doit tendre le devant au-dessus de la hanche, pour éviter qu'il grimace au-dessus de la ceinture, et en même temps fournir à ce que le bas du dos se trouve plus étroit.

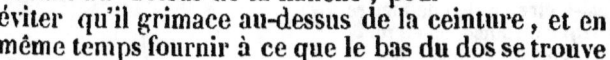

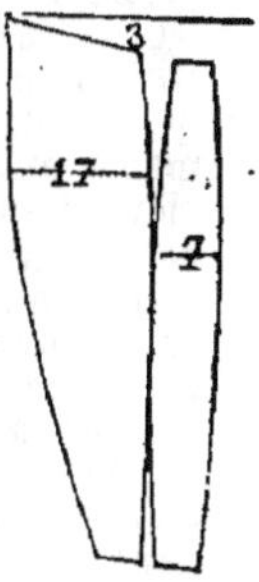

La carrure de l'uniforme peut se tracer 1 c. plus large que pour un habit civil. Pour proportionner la largeur de la basque suivant la grosseur de la personne pour qui on coupe l'uniforme, on doit se servir du quart de la grosseur du bassin; en supposant que le quart de cette grosseur soit de 24 c., la basque, toute finie, doit avoir 24 c. en cet endroit; la basque du dos doit porter 7 c. et celle du devant 17; le bas de la basque finie doit avoir 10 c., 5 au devant et 5 au dos; le haut de la basque doit être abattu de 3 c.

HABIT DE COUR.

Fig. 47.

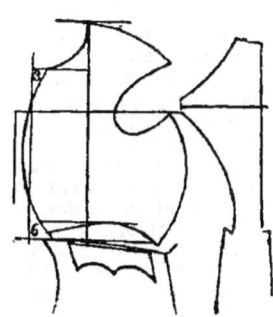

L'habit de cour diffère de l'habit de ville par la forme des devants qui est évasée de 3 c. du haut et 6 du bas. Les basques, quoique larges, suivent les devants en forme d'habit à la française.

TRACÉ DU PALETOT-SAC AVEC UN MODÈLE D'HABIT OU DE REDINGOTE.

Fig. 48.

On place d'abord le bas du dos de l'habit à 6 c. de distance de la ligne qui marque le dos du paletot; on place ensuite le haut du côté du devant près du dos, pour qu'il se rapporte du haut et qu'il y ait 6 c. de distance en bas. Le devant, au-dessus de la hanche, doit s'écarter de 8 à 10 c. La ligne du devant du paletot se marque également à 6 c. du devant de l'habit.

Le paletot-sac se fait assez généralement à 90 c. de largeur du bas; si on voulait le faire plus large, rien n'est plus facile en mettant les distances plus grandes, c'est-à-dire au lieu de mettre 6 c. entre chaque distance, on en mettrait 8 ou 10, plus ou moins, selon ce qu'on voudrait lui donner de largeur, même au point de lui donner l'ampleur d'un manteau à manches, qui 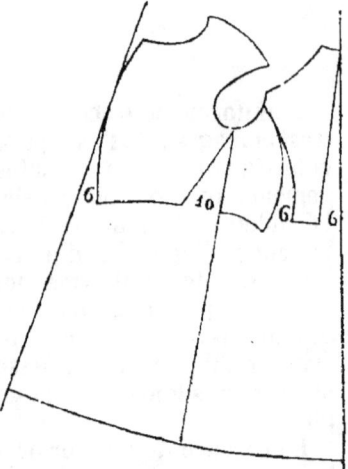 doit également se couper de la même manière; cependant, aux manteaux, il est bon de donner plus de largeur en haut du dos, pour être froncé ensuite, ce qui donne une très grande aisance pour les épaules et la carrure. Il existe encore la différence que, pour tracer le paletot, on doit se servir d'un modèle de la taille pour qui on coupe, et pour les manteaux, on doit prendre un modèle plus grand. Quelle que soit la largeur du bas qu'on désire donner à l'un ou à l'autre de ces vêtements, la distance de 6 c. au devant ne doit jamais varier, pour ne point en déranger l'aplomb; les autres distances seules peuvent s'écarter ou se rapprocher suivant le plus ou moins de largeur que l'on veut donner dans le bas.

Le tracé de la robe de chambre est absolument le même que pour le paletot-sac.

Pour marquer la longueur du devant en rapport avec celle du derrière, ainsi que le rond du bas, on place un bout du centimètre entre le haut du dos et celui de l'épaulette, et l'on pivote de l'autre bout pour marquer le bas suivant la longueur que l'on désire.

Fig. 49.

Pour dessiner un paletot-sac à la taille, autrement dire faire un hulot ou twine d'un paletot-sac, on doit creuser le dos de 5 c. à la hauteur de la taille; 8 ou 10 c. sur le côté, à la hauteur de la hanche; ensuite pratiquer un ou deux suçons sur les devants, à la hauteur de la ceinture. Le dos, de chaque côté de la taille, ainsi que le côté du devant, doit être tendu pour mieux ajuster la taille et en même temps faciliter la jupe à répandre son ampleur égale tout autour.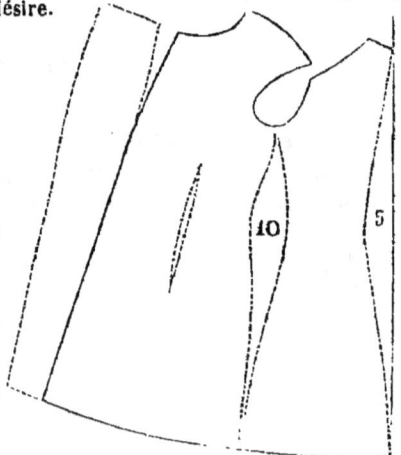

L'aunage pour les paletots est le même que pour les redingotes.

DE LA SOUTANE.

Fig. 50.

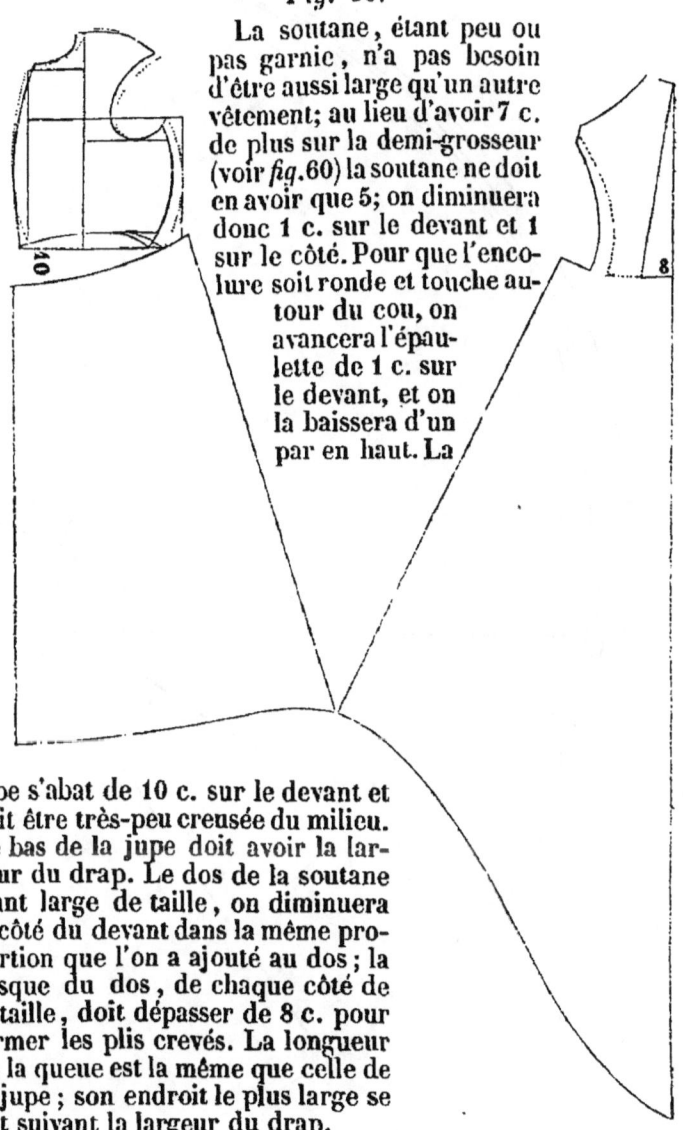

La soutane, étant peu ou pas garnie, n'a pas besoin d'être aussi large qu'un autre vêtement; au lieu d'avoir 7 c. de plus sur la demi-grosseur (voir *fig.* 60) la soutane ne doit en avoir que 5; on diminuera donc 1 c. sur le devant et 1 sur le côté. Pour que l'encolure soit ronde et touche autour du cou, on avancera l'épaulette de 1 c. sur le devant, et on la baissera d'un par en haut. La jupe s'abat de 10 c. sur le devant et doit être très-peu creusée du milieu. Le bas de la jupe doit avoir la largeur du drap. Le dos de la soutane étant large de taille, on diminuera le côté du devant dans la même proportion que l'on a ajouté au dos; la basque du dos, de chaque côté de la taille, doit dépasser de 8 c. pour former les plis crevés. La longueur de la queue est la même que celle de la jupe; son endroit le plus large se fait suivant la largeur du drap.

L'aunage que l'on emploie pour la soutane est de 3 m. 25 c. à 3 m. 50 c.

DES MANTEAUX.

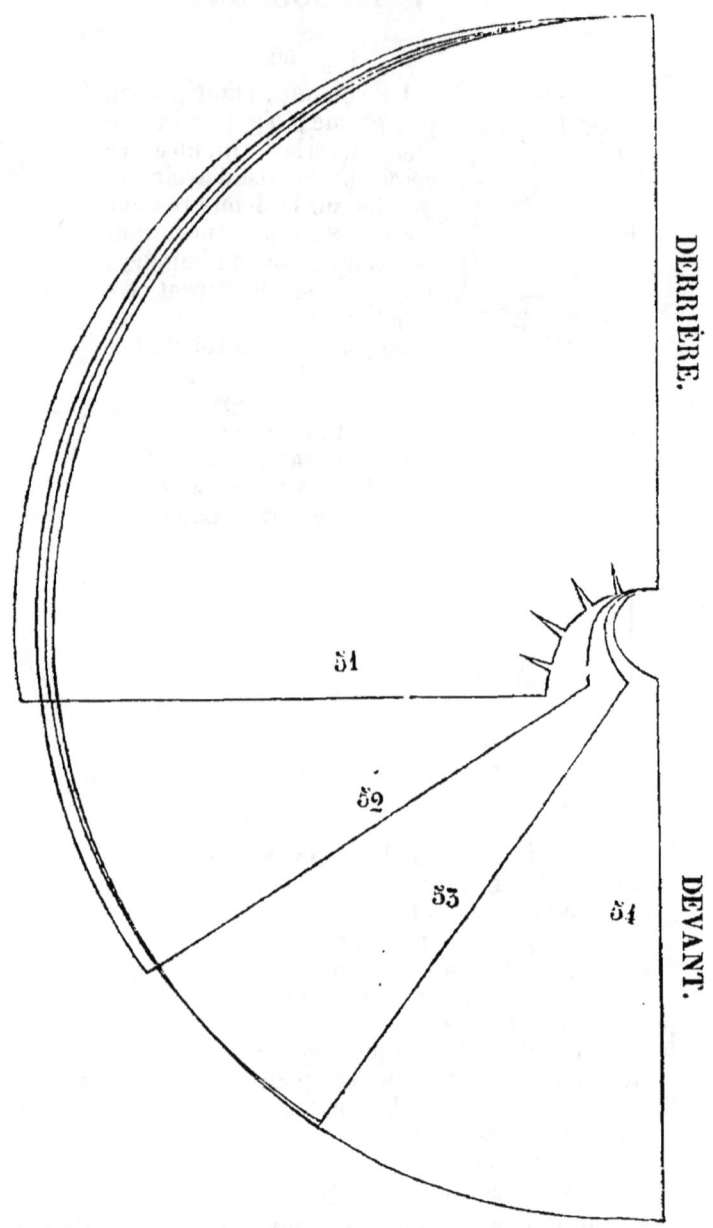

Cette planche représente quatre manteaux de largeurs différentes ; malgré leur différence d'ampleur, ils vont tout aussi bien l'un que l'autre, chacun d'eux étant coupé de manière à ce que l'ampleur se disperse tout autour. La manière de les couper est démontrée par les quatre figures suivantes.

TRACÉ DU MANTEAU OU ROTONDE.

Fig. 51.

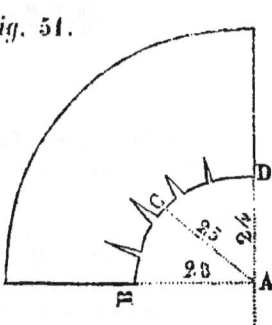

AD Abattement du derrière........ 24 c.
AC Idem au-dessus de l'épaule 25
AB Idem du devant.......... 28

Pour éviter que le manteau ne bride sur les épaules, ce qui le ferait ouvrir sur le devant, il faut qu'il soit froncé ou suçonné de 8 c. de chaque côté de l'encolure ; il est nécessaire que les fronces soient plus prononcées au dessus de l'épaule.

Pour un manteau de 125 c. de longueur derrière, il faut 3 mètres de drap ; si l'on veut le manteau 5 c. plus long, il faut 10 c. d'étoffe de plus ; de même si on le veut 5 c. plus court, il faut 10 c. d'étoffe de moins, autrement dire 2 c. plus d'étoffe pour 1 c. de plus de longueur.

Fig. 52.

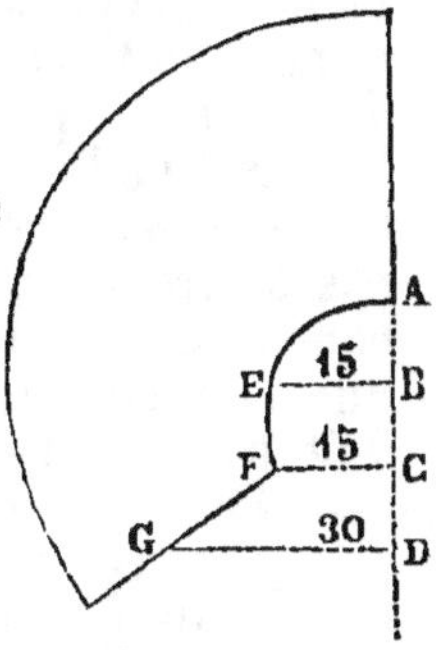

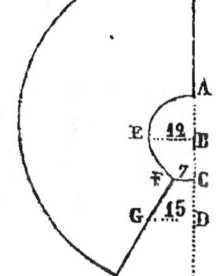

Les lignes A B C D sont éloignées de 10 c. l'une de l'autre ;
La distance BE est de......... 15 c.
       CF — 15
       DG — .... 30 .

A l'un et à l'autre de ces manteaux, le derrière doit être plus long que le devant de 7 c., le côté 3 c. plus long que le derrière.

Pour un manteau de 130 c. de longueur, il faut 4 m. de drap ; l'augmentation d'aunage pour une plus grande longueur est de 3 c. pour un.

Fig. 53.

De même qu'à la figure précédente, les lignes A B C D sont à 10 c. l'une de l'autre.

La distance BE est de......... 12 c.
    — CF — 7
    — DG — 15

Pour un manteau de 130 c. de longueur, l'aunage est de 4 m. 80 c. Pour la différence de longueur, la quantité d'étoffe qu'il faut de plus est de 4 c. pour un.

Fig. 54.

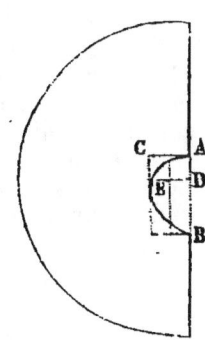

AB Longueur du carré............... 20 c.
AC Largeur de ce carré............. 10
AD Tiers de la longueur du carré........ 7
DE Moitié de la largeur du carré........ 5.

Le carré ainsi marqué, on dessine l'encolure bien ronde sur le derrière et un peu abattue sur le devant. Le milieu de la croix E sert de point de départ pour marquer le tour du bas du manteau.

Longueur du manteau, 130 c.; aunage, 5 m. 20 c.

La différence d'aunage pour la différence de longueur est de 4 c. pour un.

QUATRIÈME PARTIE.

MANIÈRE DE COMPASSER UNE COUPE, POUR JUGER SI ELLE EST D'APLOMB ET PROPORTIONNÉE A LA DEMI-GROSSEUR DU HAUT.

Fig. 55.

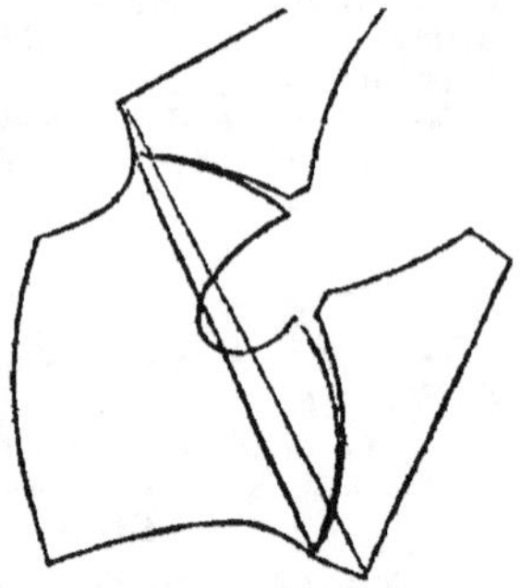

Il arrive souvent que pour reconnaître si l'emmanchure est bonne et juger si la coupe est droite ou renversée, on tire une ligne droite de la pointe de l'épaulette au crochet du bas. Comme le bas du côté ainsi que le bas de l'épaulette peuvent varier suivant la largeur que l'on donne au haut ou au bas du dos, il est préférable, pour ne pas se tromper, d'ajouter le dos en haut et en bas du devant, et la ligne que l'on fera du haut en bas du dos doit passer à 4 c. du creux de l'emmanchure. Du coin du crochet de l'épaulette à la carrure, il doit y avoir 1 c. de distance, ce qui forme suçon pour emboîter le rond de l'épaule; entre le crochet du haut du côté et la carrure, il doit y avoir de 2 à 4 c., suivant le plus ou moins de grosseur des omoplates.

Fig. 56.

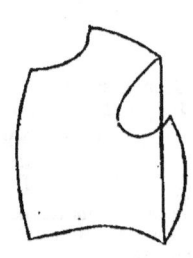

On peut encore reconnaître l'aplomb d'une coupe en tirant une ligne droite du crochet du bas à la pointe de l'épaulette; la pointe du haut du côté doit dépasser la ligne de un à deux centimètres à peu près.

Fig. 57.

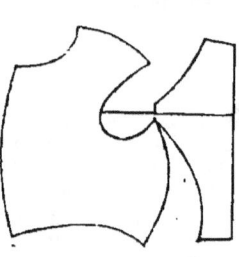

On peut vérifier si le côté et l'emmanchure est en rapport avec la grosseur de la personne pour qui on coupe, en mesurant du milieu du dos à l'emmanchure; cette distance doit avoir de un à deux centimètres de plus que les deux tiers de la demi-grosseur du haut.

Fig. 58.

Pour juger si la longueur de l'épaulette et la profondeur de l'emmanchure sont aussi en rapport avec la grosseur, la distance du haut du dos, à la profondeur de l'emmanchure, doit avoir de 3 à 4 c. de plus que les deux tiers de la demi-grosseur du haut.

Fig. 59.

On doit se régler, pour la hauteur du crochet de l'épaulette, sur la distance qu'il y a du côté à l'emmanchure, c'est-à-dire que la distance du côté à l'épaulette doit être la même que celle du côté à l'emmanchure.

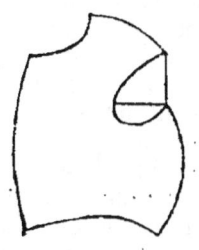

Fig. 60.

Pour s'assurer si un corsage a sa largeur nécessaire, on traverse la mesure du milieu du dos au milieu de la poitrine, en passant à 2 c. au-dessous de l'emmanchure ; il faut, pour que la largeur soit bonne, quand la mesure du haut a été prise bien juste, qu'il y ait 7 c. de plus que la demi-grosseur du haut ; ces 7 c. sont indispensables pour le dilatement de la poitrine, les coutures, garnitures, etc.

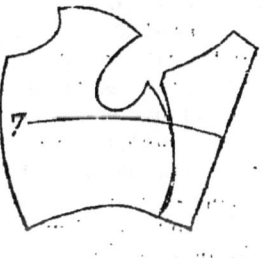

DE L'ESSAYAGE ET DES RETOUCHES.

Il est d'autant plus avantageux d'avoir une bonne coupe qu'elle conduit presque toujours à bien habiller de prime abord; mais cependant, aussi juste qu'une coupe puisse être, nul ne peut la garantir parfaite pour tout le monde, et le plus habile praticien ne peut répondre de lui-même, à une époque où nous devons réunir à la fois tant de grâce et de justesse; aussi avons-nous tous recours à l'essayage. Mais comment se fait-il qu'après avoir essayé, les habits reviennent à la pompe? Il ne faut pas se le dissimuler, la cause des retouches souvent réitérées, d'où résultent les mécontentements, les laisser pour compte, et une suite d'autres désagréments, proviennent non-seulement du défaut d'une bonne coupe, mais aussi du manque d'attention assez minutieuse lorsqu'on essaie.

Quand on essaie un habit, s'il ne va pas bien, pour savoir au juste ce que l'on doit y faire, il faut d'abord être bien pénétré de son défaut; mais, comme un habit peut être manqué par plusieurs causes différentes, il n'est pas toujours facile de juger au coup d'œil de combien est le défaut et par quelle cause il est occasionné; et l'on rectifiera toujours au hasard, si l'on ne s'assure sur l'homme même, pendant que l'habit est sur lui, par quelle cause il pèche et de combien au juste est le défaut.

Depuis plusieurs années, l'expérience m'a démontré qu'il ne suffisait pas, pour bien essayer un habit, de marquer çà et là de coups de craie les endroits qui demandaient à être retouchés, car ce genre d'essayage laisse des incertitudes; on craint de trop ou pas assez recouper, ou de le faire en sens contraire, ou bien encore d'ajuster l'habit d'un côté en le dérangeant de l'autre : les retouches fréquentes que l'on fait encore chaque jour dans bien des maisons sont des preuves évidentes de ce que j'avance.

Pour donner une idée plus exacte de l'attention qu'il faut apporter à l'essayage, je vais énumérer ici une partie des causes qui entraînent aux retouches, et démontrer en même temps un principe d'essayage qui devient infaillible dès-lors qu'on veut bien le mettre en pratique.

Défaut d'une Épaulette trop renversée.

Lorsque l'épaulette est trop longue et trop renversée, si le vêtement est maintenu à la ceinture, il se détache du cou et de la poitrine; s'il est déboutonné, il retombe en arrière, ne touche pas la taille et paraît trop grand dans le dos; son propre poids n'étant pas retenu par l'épaulette occasionne, en retombant en arrière, un pli et un vide autour de l'emmanchure que l'on ne peut éviter, même en recoupant ou en mettant de la ouate; le défaut est à l'épaulette; c'est l'épaulette qu'il faut retoucher. Il faut donc, dans ce cas, faire tenir l'habit comme s'il était boutonné; ensuite débâtir l'épaulette pour avoir la facilité de la bien poser à sa place, et pouvoir marquer au juste de combien elle est trop longue ou trop renversée.

Défaut d'une Coupe trop droite.

Quand une épaulette est trop droite, autrement dire trop en avant, l'effet s'arrête sur le cou et ne peut entrer sur les épaules, ce qui le fait gêner à l'emmanchure, le fait paraître trop grand dans les côtés et trop étroit à la poitrine. Souvent à ces habits on recoupe l'emmanchure, ainsi que des crochets aux côtés et à l'épaulette; cependant ce n'est pas à l'emmanchure et aux côtés qu'est le défaut : si l'on débâtissait le haut de l'épaulette, on s'apercevrait que l'habit n'étant plus retenu sur le cou rentrerait à sa place, emboîterait mieux le corps et ne gênerait plus à l'emmanchure; l'étoffe qui se trouvait de trop derrière passerait en avant, la poitrine ne serait plus trop étroite, et l'on verrait en même temps de combien au juste on devra renverser l'épaulette.

Lorsqu'une coupe est réellement bonne, si un habit ne va pas, le défaut sera presque toujours à l'épaulette, parce que l'homme pour qui il est coupé, n'étant pas d'une structure régulière, aura les épaules en avant ou en arrière; l'épaulette n'étant pas en rapport avec sa structure, l'habit ne peut aller bien que lorsqu'on aura changé l'épaulette de direction; c'est pourquoi il est toujours très-utile de laisser des petits crochets de chaque côté de l'épaulette, souvent fort nécessaires après l'essayage.

Défaut d'une Coupe trop cambrée.

Un vêtement ne peut aller bien lorsque le bas du côté est trop rentré en dedans, car si l'on veut cambrer l'habit plus que l'homme ne l'est lui-même, l'habit touchera trop à la taille et sur le cou, ce qui l'empêche de bien entrer, en lui faisant faire des plis de l'épaulette à l'emmanchure jusque derrière la taille, ce qui le fait paraître trop large dans le dos. Mais en débâtissant le bas des côtés, il devient facile de le faire emboîter comme il faut, et de voir au juste le manque d'étoffe qui le retenait et l'empêchait d'aller bien.

Défaut d'une Coupe dont les côtés sont trop droits.

Quand on ne laisse pas assez de rond pour emboîter l'omoplate, l'habit se trouve retenu derrière, il ne peut toucher à la taille et à la carrure, et il gêne à l'emmanchure ; en débâtissant les côtés à cet endroit, on peut voir au juste ce qu'il y manque.

Défaut d'une Coupe dont les côtés sont trop bas.

Quand le crochet du côté ne monte pas assez haut, ou pour mieux dire, lorsque le crochet du côté et celui de l'épaulette sont trop écartés l'un de l'autre, ce défaut empêche le vêtement de toucher à la taille et autour du cou, il ne tient pas sur les épaules et forme un rond et un vide autour de l'emmanchure ; en un mot, l'habit ne touche nulle part, et si l'on ne s'aperçoit pas que c'est par cette cause qu'il est manqué, on aura beau recouper ou mettre de la ouate, ce sera peine perdue.

Observations importantes.

Les différents genres de défauts que je viens de signaler ne peuvent être distingués l'un de l'autre que lorsqu'on apporte beaucoup d'attention en essayant. Il faut donc, quand on essaie un vêtement, se donner le temps de l'examiner avec soin, pour voir s'il a des défauts et reconnaître d'où ils proviennent ; ensuite ne pas hésiter de débâtir l'endroit que l'on juge à propos pour s'assurer de combien est ce défaut, afin de marquer juste et ne pas être exposé à recouper avec incertitude.

Pour être sûr de faire les corrections conformes aux remarques que l'on a faites à l'essayage, on doit, avant de rectifier l'habit, commencer par rectifier le modèle avec lui, et les crochets qu'on aura eu soin de laisser pourront l'un et l'autre venir en aide pour éviter des changements de corsage.

Ce mode d'essayage et de recoupe demande bien un peu plus d'attention, mais aussi il garantit contre les retouches.

OBSERVATIONS.

Pour venir à l'appui des remarques que je viens de faire, je vais démontrer une manière de recouper qui se fait dans quelques maisons après l'essayage.

Quand on essaie un habit, si la coupe est trop droite, c'est-à-dire si l'habit touche trop à la taille, qu'il paraisse plein au milieu du dos et à la carrure, on marque des crochets en haut des côtés, aux pointes d'épaulettes et on évide l'emmanchure, après avoir recoupé les pointes d'épaulettes. Si elles se trouvent trop courtes pour le dos, on ajoute presque toujours un morceau du côté de l'encolure, pour ne pas couper le dos par en haut. Maintenant, que résulte-t-il de ce genre de retouche ? il en résulte que les devants, après avoir été recoupés, redeviennent ce qu'ils étaient avant ; le morceau que l'on a ajouté à l'épaulette a ramené le devant dans la même position ; aussi arrive-t-il que les habits doivent être retouchés plusieurs fois, et, à force de recouper l'emmanchure, il ne reste plus de poitrine : si, en essayant la première fois, on avait débâti l'épaulette, afin de faire passer par-devant l'étoffe qui se trouvait de trop par-derrière, on aurait vu qu'au lieu d'ajouter un morceau à l'encolure, on aurait dû en retirer.

PLAN DU TRACÉ ÉCONOMIQUE

ET DÉSIGNATION DES AUNAGES QU'IL FAUT POUR CHAQUE TAILLE
DEPUIS LA PLUS PETITE JUSQU'A LA PLUS GRANDE.

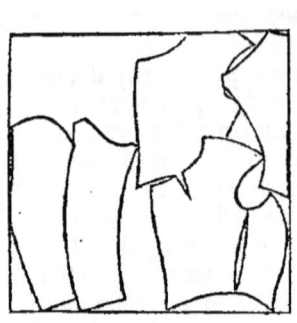

VESTE A L'ANGLAISE.
Demi-grosseur du haut, 35 c. ;
aunage, 65 c.

AMAZONE.
Longueur du jupon, 140 c.
Aunage, 4 m. 20 c. que l'on coupe
en trois. Deux largeurs et demie pour
le jupon, une demi-largeur pour le
corsage.

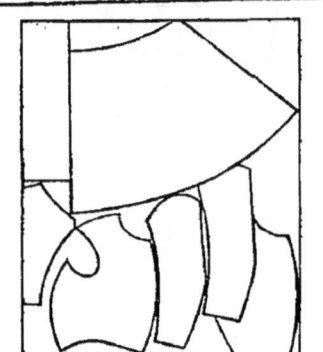

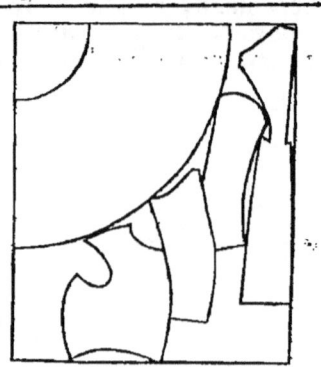

REDINGOTES D'ENFANTS.

Demi-grosseur du haut .... 30 c.
Aunage............................... 80

La jupe d'une de ces redingotes est tracée grande ampleur ;
la quantité de drap est la même que celle demi-ampleur.

Ces petits modèles, ainsi que tous ceux qui suivent, sont
tracés sur un drap de 68 c. de demi-largeur.

DEMI-GROSSEUR DU HAUT, 35 C.

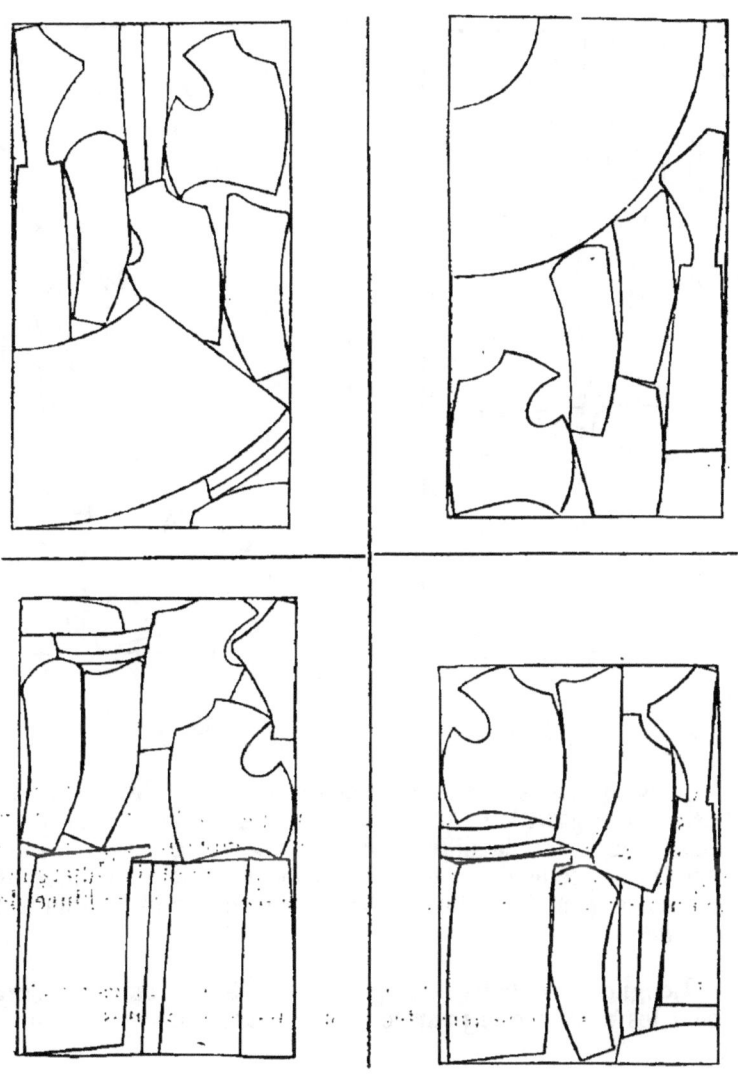

Aunage pour habit, sans doublure des basques.. 95 c.
    Idem   avec doublure des basques.. 120
Redingote jupe ample et demi-ample.......... 120

DEMI-GROSSEUR DU HAUT, 40 C.

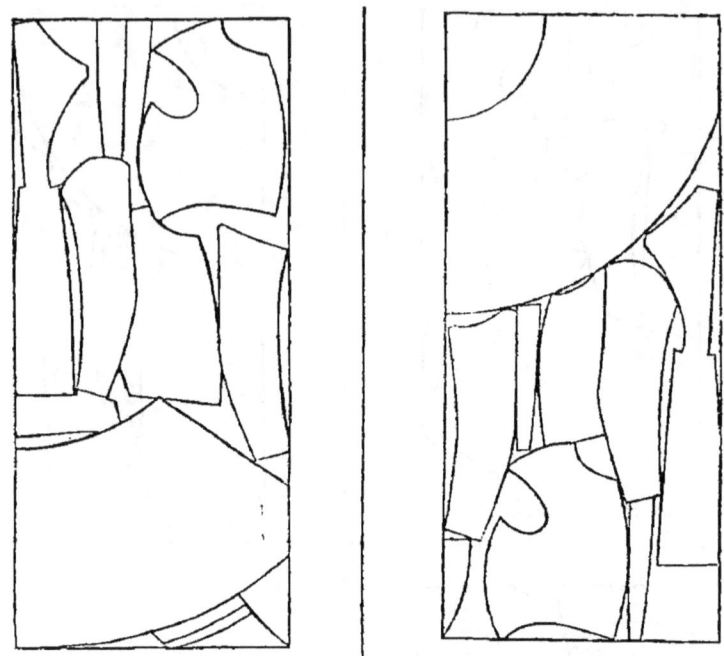

Aunage . . . .   1 m. 50 c.

Ainsi qu'on le voit en haut de chaque page, les quatre modèles en regard sont tracés sur la même taille, pour qu'on puisse juger de la différence du tracé entre la jupe grande ampleur et celle demi-ampleur, ainsi que pour la différence d'aunage pour les habits, avec doublure et sans doublure de basques.

Longueur de taille et de jupe, 40, 88; les autres mesures sont les mêmes que pour les habits, pages suivantes.

— 37 —

DEMI-GROSSEUR DU HAUT, 40 C.

Aunage, 1 m. 50 c.　　　　　　　Aunage, 1 m. 35 c.

Pour faire mieux juger encore la quantité d'étoffe nécessaire pour chaque taille, j'ajoute à chaque planche la mesure avec laquelle elles ont été tracées.

MESURES.

Longueur de taille et des basques................	40	96	»
Du haut du dos à la hanche, passant sur l'omoplate.	44	»	»
Du même point à la hanche, passant par-dessus l'épaul.	48	»	»
Idem par-dessus l'épaule au nombril......	54	»	»
Mesure du petit côté, du dessous du bras à la hanche	20	»	»
Largeur de la carrure suivant du coude au poignet..	17	48	78
Grosseur du gros du bras au-dessous du coude et poig.	18	14	9
Demi-grosseur du haut.........................	40	»	»
Idem de la ceinture.....................	35	»	»

DEMI-GROSSEUR DU HAUT, 45 C.

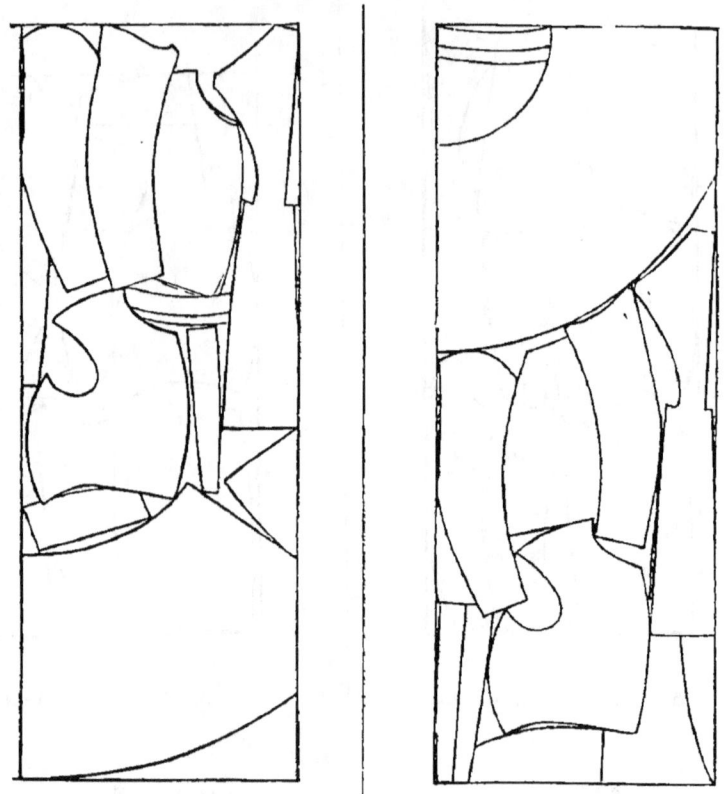

Aunage .... 1 m. 80 c.
Longueur de taille et de jupe, 42, 92.

Les autres mesures sont les mêmes que celles de l'habit, pages suivantes.

DEMI GROSSEUR DU HAUT, 45 C.

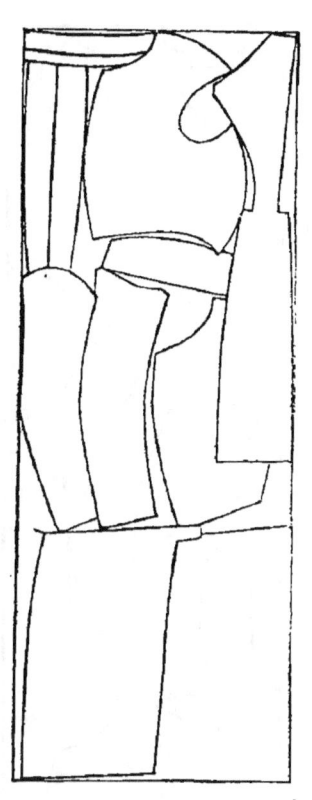

Aunage, 1 m. 80 c.

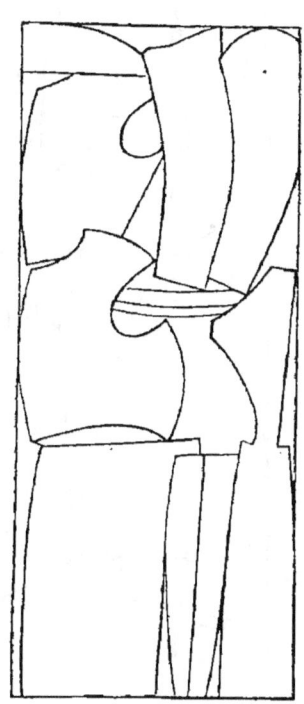

Aunage, 1 m. 60 c.

MESURES.

Longueur de taille et des basques	42	102	»
Du haut du dos à la hanche, passant sur l'omoplate	48	»	»
Du même point à la hanche, passant par-dessus l'ép.	53	»	»
Du même point à la hauteur du nombril	58	»	»
Hauteur du petit côté	21	»	»
Largeur de carrure, suivant du coude au poignet	18	50	84
Largeur du gros du bras, au-dessous du coude et au poignet	18	15	9
Demi-grosseur du haut	45	»	»
Demi-grosseur de ceinture	38	»	»

DEMI-GROSSEUR DU HAUT, 50 C.

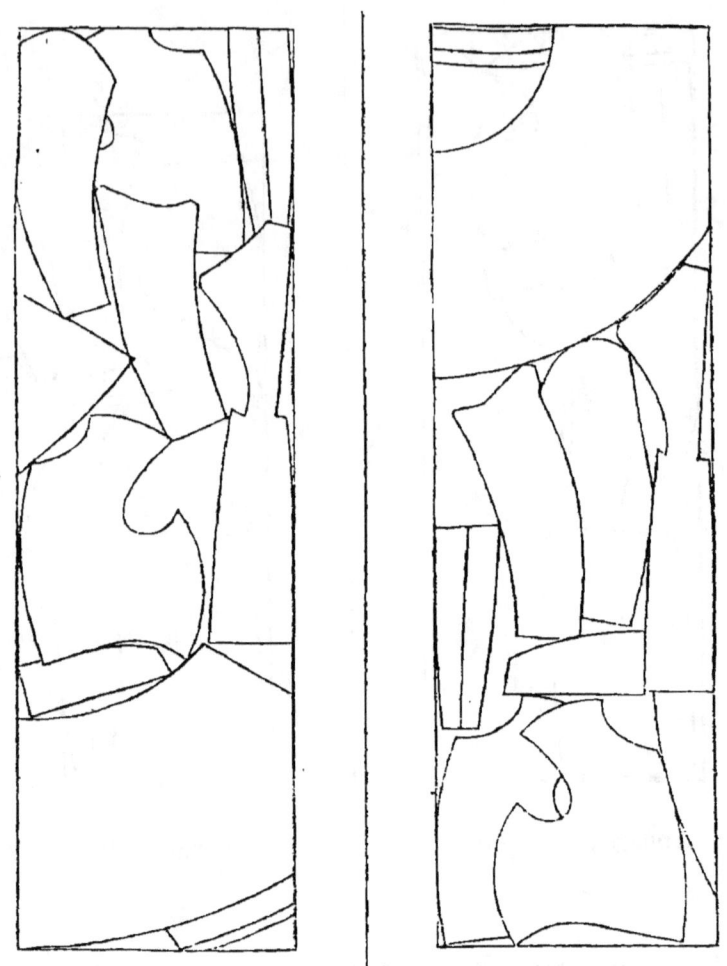

Aunage.............. 2 m. 20 c.
Longueur de taille et de jupe, 44, 98.

DEMI-GROSSEUR DU HAUT, 50 C.

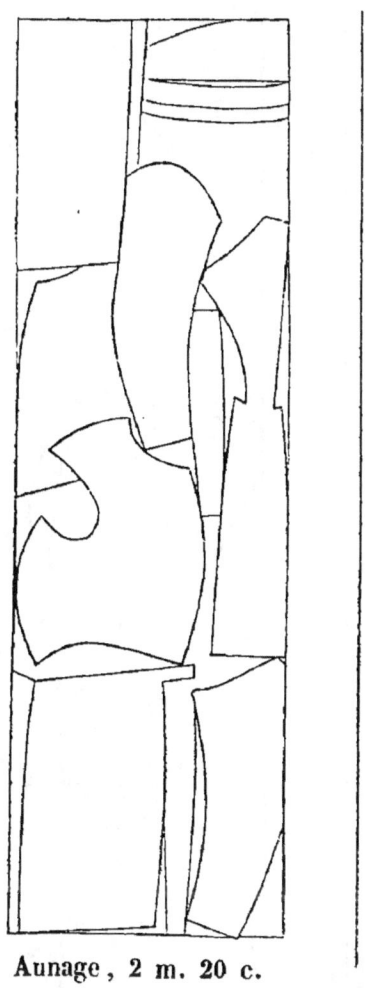

Aunage, 2 m. 20 c.

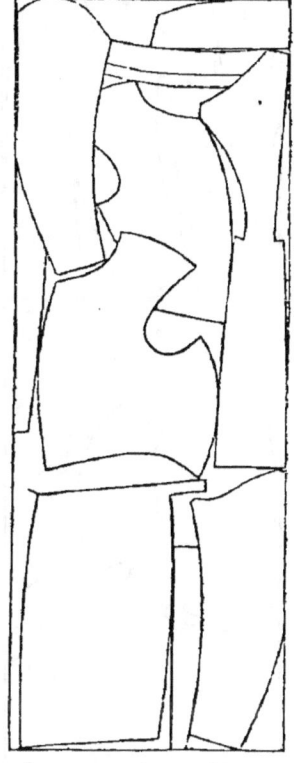

Aunage, 1 m. 80 c.

MESURES.

Longueur de taille et des basques	45	110	»
Du dos à la hanche, passant sur l'omoplate	50	»	»
Du même point à la hanche, passant par-dessus l'ép..	58	»	»
Du même point à la hauteur du nombril	62	»	»
Longueur du côté du dessous de bras à la hanche	24	»	»
Largeur de carrure, du coude au poignet	20	54	86
Grosseur du gros du bras, au-dessous du coude et au poignet	20	17	10
Demi-grosseur du haut	50	»	»
Demi-grosseur de ceinture	45	»	»

— 42 —

DEMI-GROSSEUR DU HAUT, 55 C.

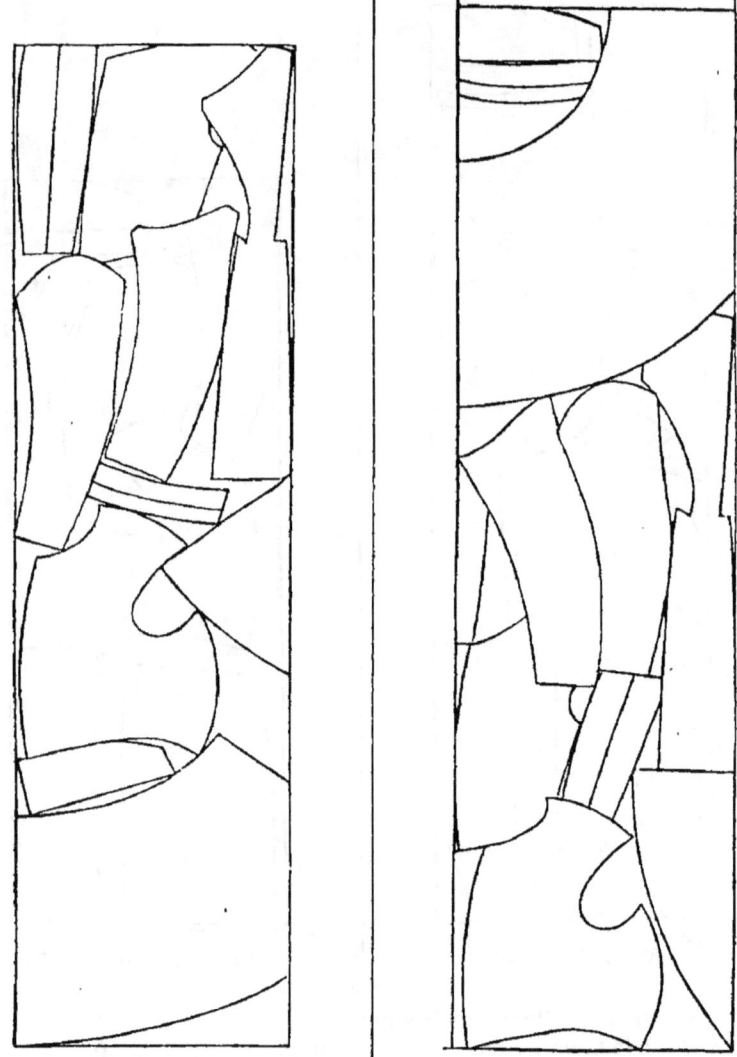

Aunage...................... 2 m. 40 c.
Longueur de taille et de jupe, 46, 106.

— 43 —

DEMI-GROSSEUR DU HAUT, 55 C.

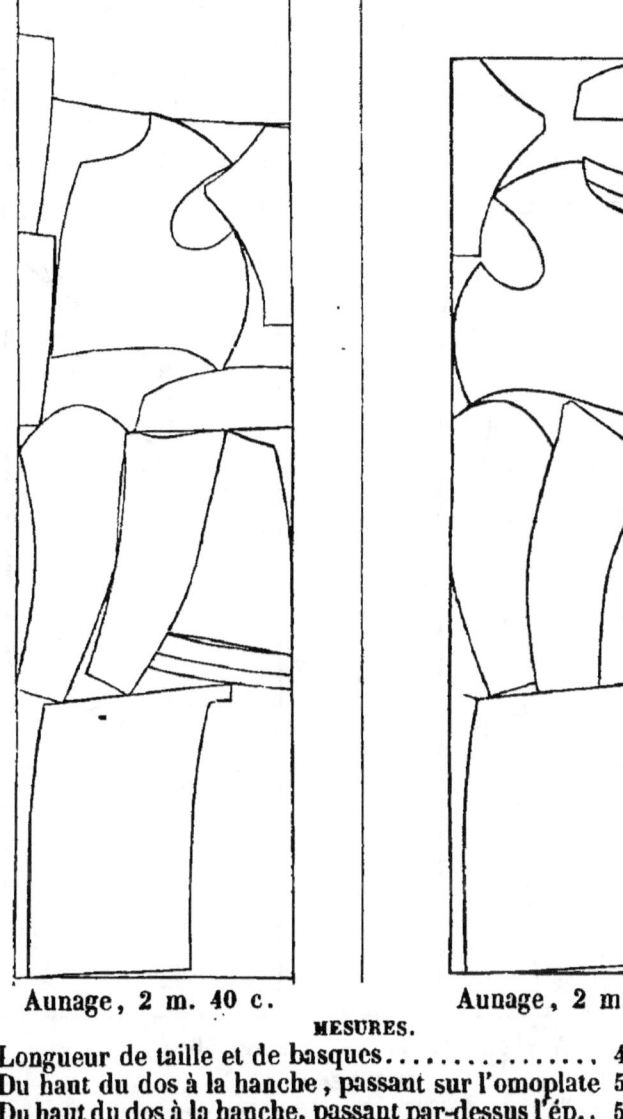

Aunage, 2 m. 40 c.   Aunage, 2 m. 20 c.

MESURES.

Longueur de taille et de basques..................	46	112	»
Du haut du dos à la hanche, passant sur l'omoplate	51	»	»
Du haut du dos à la hanche, passant par-dessus l'ép..	59	»	»
Partant du même point à la hauteur du nombril.....	67	»	»
Hauteur du petit côté........................	23	»	»
Largeur de carrure, en suivant du coude au poignet.	21	45	90
Grosseur du haut du bras, du coude et du poignet.	21	18	11
Demi-grosseur du haut	55	»	»
Demi-grosseur de la ceinture..................	55	»	»

DEMI-GROSSEUR DU HAUT, 60 C.

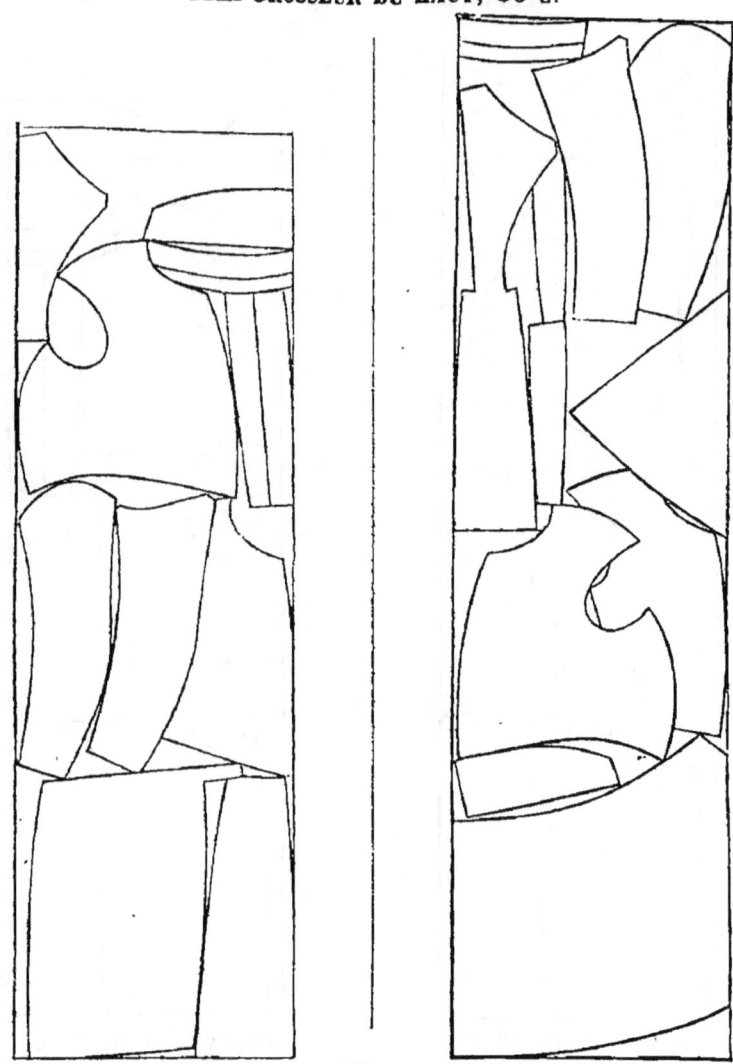

Aunage.......... 2 m. 50 c.

MESURES.

Longueur de taille et des basques	48	114	»
Partant du dos à la hanche, passant sur l'omoplate	55	»	»
Partant du même point à la hanche, passant par-dessus l'épaule	62	»	»
Du même point, par-dessus l'épaule, à la hauteur du nombril	60	»	»
Longueur du côté, du dessous de bras à la hanche	25	»	»
Largeur de carrure, en suivant du coude au poignet	21	55	90
Grosseur du gros du bras; idem au-dessous du coude et au poignet	22	19	12
Demi-grosseur du haut	60	»	»
Demi-grosseur de la ceinture	65	»	»

DEMI-GROSSEUR DU HAUT, **60** C.

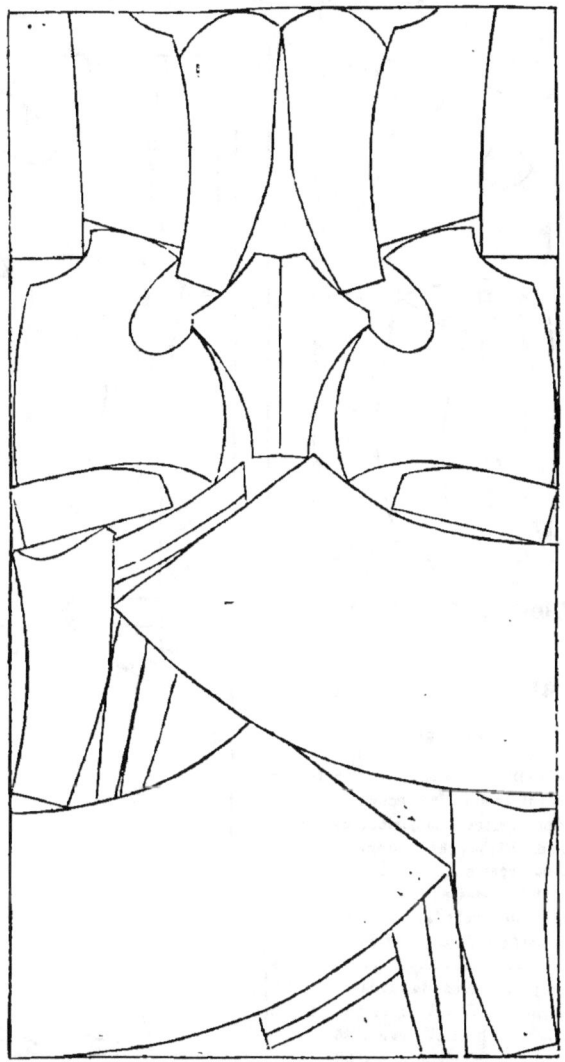

Aunage.......... 2 m. 50 c.

Pour les hommes de cette corpulence, il est préférable de couper drap ouvert, afin d'éviter les chanteaux qui sont inévitablement d'une grandeur énorme, comme on le voit à la redingote tracée sur drap double. La quantité d'étoffe est absolument la même pour l'une comme pour l'autre.

DEMI-GROSSEUR DU HAUT, 45 C.

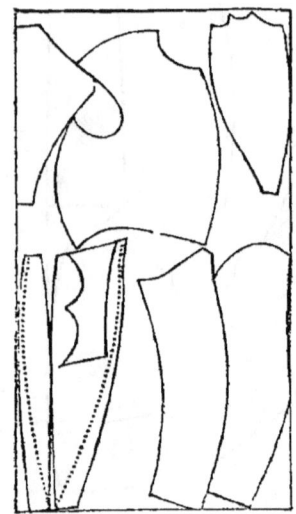

Aunage, 1 m. 20 c.

HABIT D'UNIFORME.

MESURES.

Longueur de taille et des basques..	43	102	»
Partant du bas du dos à la hanche, passant par-dessus l'omoplate..	48	»	»
Du haut du dos à la hanche, passant par-dessus l'épaule............	55	»	»
Du même point par-dessus l'épaule, à la hauteur du nombril.........	60	»	»
Largeur de carrure, du coude et du poignet......................	20	52	34
Largeur du gros du bras, du coude et du poignet.................	43	16	10
Demi-grosseur du haut..........	45	»	»
Idem de la ceinture.....	38	»	»
Demi-largeur de la poitrine.......	22	»	»
Demi-longueur du collet.........	22	»	»

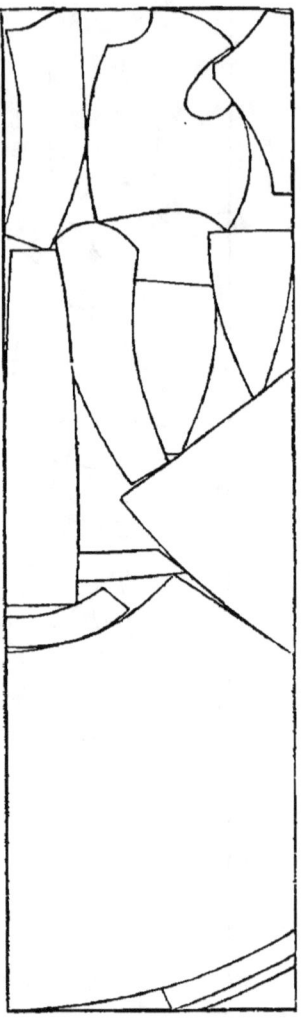

Aunage, 2 m. 40 c.

CAPOTE D'UNIFORME.

Longueur de taille et des basques, 42, 152.

— 47 —

DEMI-GROSSEUR DU HAUT, 45 C.

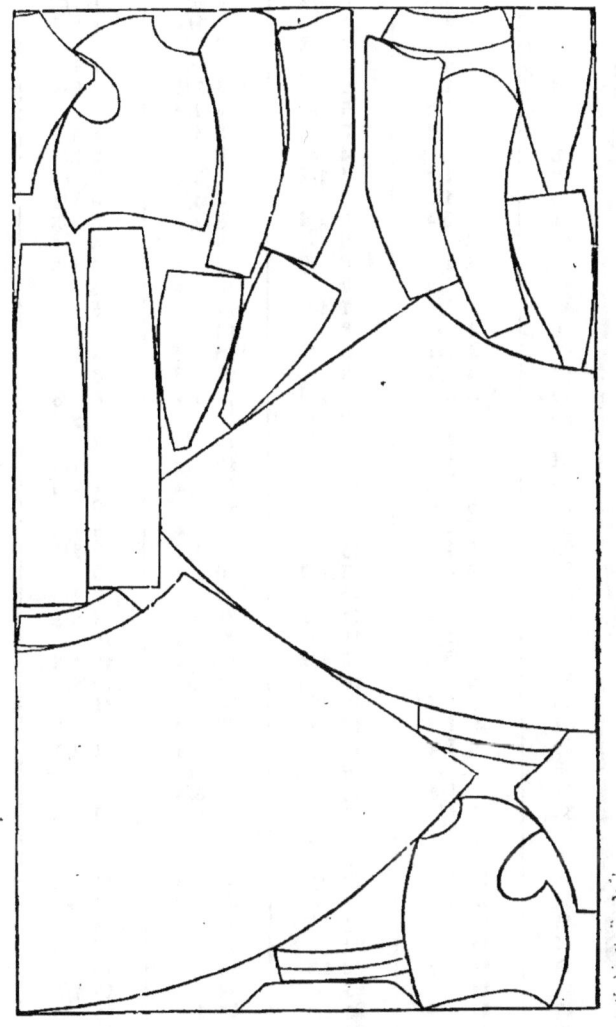

Aunage............ 2 m. 40 c.

Capote d'uniforme tracée drap ouvert pour éviter les chanteaux. La mesure et l'aunage sont les mêmes que ceux tracés sur drap double.

— 48 —

TABLE DES CENTIMÈTRES depuis 1 jusqu'à 60, divisés par 1/4, 1/2, 3/4, 1/3 et 2/3, de manière à ne pas être obligé de calculer pour trouver le tiers ou le quart d'un Nombre.

Cent.	1/4	1/2	3/4	1/3	2/3
1	» 1/4	» 1/2	» 3/4	» 1/3	» 2/3
2	» 1/2	1 »	1 1/2	» 2/3	1 1/3
3	» 3/4	1 1/2	2 1/4	1 »	2 »
4	1 »	2 »	3 »	1 1/3	2 2/3
5	1 1/4	2 1/2	3 3/4	1 2/3	3 1/3
6	1 1/2	3 »	4 1/2	2 »	4 »
7	1 3/4	3 1/2	5 1/4	2 1/3	4 2/3
8	2 »	4 »	6 »	2 2/3	5 1/3
9	2 1/4	4 1/2	6 3/4	3 »	6 »
10	2 1/2	5 »	7 1/2	3 1/3	6 2/3
11	2 3/4	5 1/2	8 1/4	3 2/3	7 1/3
12	3 »	6 »	9 »	4 »	8 »
13	3 1/4	6 1/2	9 3/4	4 1/3	8 2/3
14	3 1/2	7 »	10 1/2	4 2/3	9 1/3
15	3 3/4	7 1/2	11 1/4	5 »	10 »
16	4 »	8 »	12 »	5 1/3	10 2/3
17	4 1/4	8 1/2	12 3/4	5 2/3	11 1/3
18	4 1/2	9 »	13 1/2	6 »	12 »
19	4 3/4	9 1/2	14 1/4	6 1/3	12 2/3
20	5 »	10 »	15 »	6 2/3	13 1/3
21	5 1/4	10 1/2	15 3/4	7 »	14 »
22	5 1/2	11 »	16 1/2	7 1/3	14 2/3
23	5 3/4	11 1/2	17 1/4	7 2/3	15 1/3
24	6 »	12 »	18 »	8 »	16 »
25	6 1/4	12 1/2	18 3/4	8 1/3	16 2/3
26	6 1/2	13 »	19 1/2	8 2/3	17 1/3
27	6 3/4	13 1/2	20 1/4	9 »	18 »
28	7 »	14 »	21 »	9 1/3	18 2/3
29	7 1/4	14 1/2	21 3/4	9 2/3	19 1/3
30	7 1/2	15 »	22 1/2	10 »	20 »
31	7 3/4	15 1/2	23 1/4	10 1/3	20 2/3
32	8 »	16 »	24 »	10 2/3	21 1/3
33	8 1/4	16 1/2	24 3/4	11 »	22 »
34	8 1/2	17 »	25 1/2	11 1/3	22 2/3
35	8 3/4	17 1/2	26 1/4	11 2/3	23 1/3
36	9 »	18 »	27 »	12 »	24 »
37	9 1/4	18 1/2	27 3/4	12 1/3	24 2/3
38	9 1/2	19 »	28 1/2	12 2/3	25 1/3
39	9 3/4	19 1/2	29 1/4	13 »	26 »
40	10 »	20 »	30 »	13 1/3	26 2/3
41	10 1/4	20 1/2	30 3/4	13 2/3	27 1/3
42	10 1/2	21 »	31 1/2	14 »	28 »
43	10 3/4	21 1/2	32 1/4	14 1/3	28 2/3
44	11 »	22 »	33 »	14 2/3	29 1/3
45	11 1/4	22 1/2	33 3/4	15 »	30 »
46	11 1/2	23 »	34 1/2	15 1/3	30 2/3
47	11 3/4	23 1/2	35 1/4	15 2/3	31 1/3
48	12 »	24 »	36 »	16 »	32 »
49	12 1/4	24 1/2	36 3/4	16 1/3	32 2/3
50	12 1/2	25 »	37 1/2	16 2/3	33 1/3
51	12 3/4	25 1/2	38 1/4	17 »	34 »
52	13 »	26 »	39 »	17 1/3	34 2/3
53	13 1/4	26 1/2	39 3/4	17 2/3	35 1/3
54	13 1/2	27 »	40 1/2	18 »	36 »
55	13 3/4	27 1/2	41 1/4	18 1/3	36 2/3
56	14 »	28 »	42 »	18 2/3	37 1/3
57	14 1/4	28 1/2	42 3/4	19 »	38 »
58	14 1/2	29 »	43 1/2	19 1/3	38 2/3
59	14 3/4	29 1/2	44 1/4	19 2/3	39 1/3
60	15 »	30 »	45 »	20 »	40 »

CINQUIÈME PARTIE.

DES GILETS.

Au tracé des gilets, comme de tout autre vêtement qui doit emboîter le buste, l'aplomb est toujours la base principale; car, quelle que soit la mode, la première condition est que l'objet soit en rapport à la structure de la personne pour laquelle il est coupé, et ce rapport est facile à établir, en prenant le devant d'habit pour guide; c'est-à-dire que si l'on a une coupe juste et d'aplomb, pour habits et redingotes, on peut se servir de ces mêmes modèles pour établir les devants de gilets.

En adoptant les principes que j'ai démontrés dans la première partie de cet ouvrage, pour le tracé des devants, on verra, par les exemples suivants, combien il est facile avec ces mêmes devants d'en faire des modèles de gilets.

DE LA MESURE.

Figure 1re.

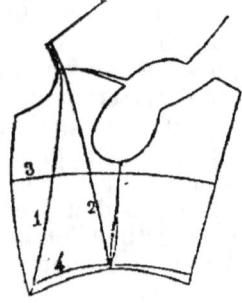

1. Longueur du devant, en passant la mesure autour du cou.
2. Longueur du devant à la hauteur des hanches, en laissant également la mesure passée autour du cou.
3. Grosseur du haut, mesure prise juste par-dessus le gilet.
4. Grosseur de ceinture.

DU TRACÉ.

Fig. 2.

Pour tracer le devant du gilet droit sur un devant d'habit ou de redingote, il suffit de retirer 2 centimètres, partant du haut du devant, en diminuant jusqu'au bas ; ensuite évider l'emmanchure d'un centimètre sur le devant, et l'épaulette 3 c. plus étroite par en haut ; le bas du devant doit descendre un peu plus, afin de couvrir la ceinture du pantalon. Le côté du gilet se partage du milieu de l'emmanchure, au-dessus de la hanche.

EXEMPLE POUR TRACER LE DEVANT DU GILET SANS LE SECOURS DU DEVANT D'HABIT.

Fig. 3.

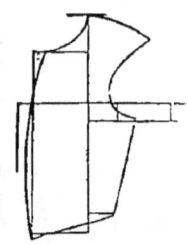

Pour tracer le devant du gilet, il faut d'abord établir les mêmes points et les mêmes lignes, absolument comme si l'on devait tracer un devant d'habit, à l'exception des lignes du derrière que l'on peut se dispenser de faire ; ensuite on rentre de 2 c. au haut du devant, à la poitrine, on passe au milieu des deux lignes, en suivant jusqu'au bas du carré que l'on dépassera un peu sur la longueur. On entre d'un centimètre à l'emmanchure, en dedans du point, pour qu'il soit plus dégagé, et l'on fait l'épaulette 3 c. plus étroite qu'au devant d'habit. Lorsque les personnes ont du ventre, on doit prendre le devant d'habit pour guide, pour savoir ce que l'on doit ressortir en avant du carré, afin que le gilet ait sa largeur en avant, et que le ventre ne le fasse pas remonter.

TRACÉ DES DOS DE GILETS.

Fig. 4.

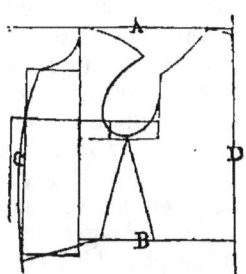

Pour tracer le dos d'un gilet en même temps qu'on trace le devant, on tire la ligne A à la hauteur de l'épaulette, et la ligne B à la hauteur du bas du côté ; ces deux lignes donnent la longueur du dos.
La largeur du gilet, autrement dire la distance entre le devant C et le dos D, doit être de 5 c. plus large que la demi-grosseur du haut. Ces 5 c., sensément de trop, sont indispensables pour le développement de la poitrine et pour ce qu'il y a à perdre pour les coutures et remplis. La longueur du dos et la largeur du haut du gilet étant ainsi déterminées, on retire ensuite au-dessus de la hanche ce qu'il y a de trop large à la ceinture. Le haut du dos du gilet se fait de la même largeur que le dos d'habit, la carrure un centimètre ou deux plus étroit ; la couture du dos se règle suivant l'épaulette du devant.

MANIÈRE DE S'ASSURER SI LE GILET EST ASSEZ LARGE ET SI LE DOS A LA LONGUEUR NÉCESSAIRE.

Fig. 5.

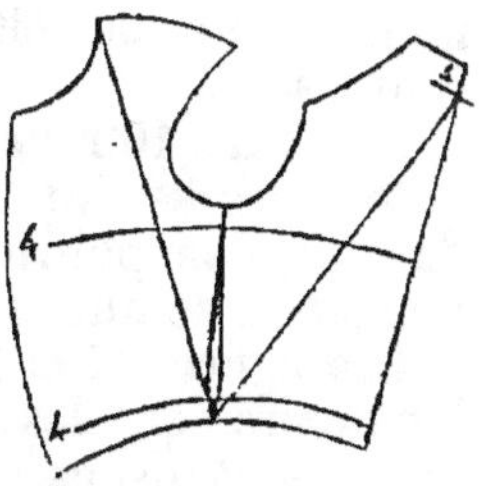

Les côtés du devant et du dos étant réunis, il faut qu'en mesurant la largeur du gilet à la hauteur de la poitrine et à la ceinture, il se trouve 4 c. de plus sur la demi-grosseur que la mesure ne porte. Ensuite on partage d'égale largeur le milieu du bas pour mesurer, à partir de ce point, la hauteur d'épaulette avec celle du dos ; le dos doit dépasser l'épaulette de quatre à cinq centimètres. Le gilet doit se couper 2 c. plus long que la mesure prise, à cause des coutures et des remplis.

DES DIVERS GENRES DE GILETS.

Quelle que soit la mode des gilets, nous ne saurions nous écarter des points d'aplomb. Nous pouvons donc, sans crainte de nous tromper, tracer avec un gilet droit toute espèce de gilets ; il s'agira seulement de lui donner une autre apparence, suivant la mode, par plus ou moins de poitrine ou de renversement, et suçonner plus ou moins, selon la longueur que l'on veut donner au gilet ou suivant la conformation des personnes pour lesquelles on les coupe ; la différence ne doit donc exister que dans la forme et non dans l'aplomb.

La figure 6 représente un gilet boutonnant jusqu'en haut, duquel les autres sont successivement dégagés de centimètre en centimètre jusqu'au plus découvert de poitrine.

Fig. 6.

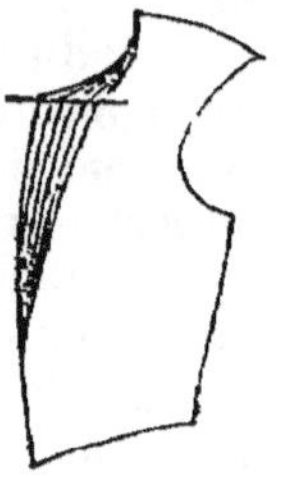

La figure 7 représente deux gilets à schall, l'un boutonnant haut et l'autre découvrant la poitrine, tous deux tracés avec un gilet droit, de même que les douze modèles ci-contre, quoique tous d'un genre différent, sont tracés d'après le même plan.

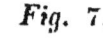

Les suçons étant presque généralement adoptés, ont besoin d'être combinés de manière à ne pas déranger l'aplomb du gilet. Si l'on fait des suçons à l'emmanchure et aux poches, sans en faire à l'encolure, la coupe se renverse et perd son aplomb ; si, au contraire, on fait les suçons à l'encolure et non sur le côté, la coupe se redresse et perd également son aplomb. Il faut donc compasser les suçons de part et d'autre pour obtenir le bombage nécessaire, sans déranger la position du devant et de l'épaulette, à moins que ce ne soit pour des tenues voûtées ou renversées.

Fig. 7.

La figure 16 représente un gilet à schall sans pied de collet ; la cassure se fait le long de la couture, pour qu'il découvre davantage la poitrine : étant long du devant, il est suçonné de manière à ce que le ventre ne le fasse pas remonter.

Les figures 17 et 18 diffèrent de ce dernier par le schall ; les longueurs sont les mêmes, mais les suçons au-dessous de la poche sont disposés d'une autre manière au n° 18 ; le côté où se monte la patte doit être tendu d'avance jusqu'à ce qu'il revienne droit, ce qui lui fait donner du jeu par en bas.

La figure 19 est un gilet d'amazone.

— 53 —

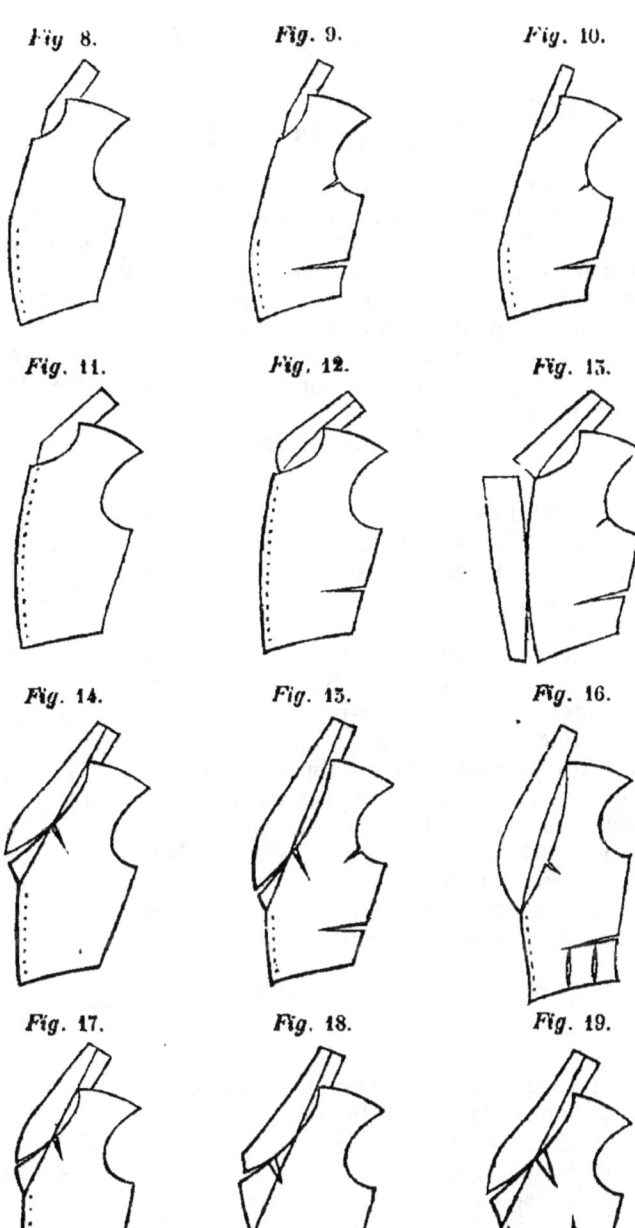

Fig. 8. Fig. 9. Fig. 10.
Fig. 11. Fig. 12. Fig. 13.
Fig. 14. Fig. 15. Fig. 16.
Fig. 17. Fig. 18. Fig. 19.

SIXIÈME PARTIE.

DU PANTALON.

La mesure du bassin (*Fig.* 1, chiffre 4) est des plus importantes pour le tracé des pantalons ; nul ne peut répondre d'avance de la largeur exacte d'un pantalon, s'il ne s'est basé sur cette mesure, qui non-seulement établit des proportions très-justes, mais encore devient indispensable pour régler la largeur que le pantalon doit avoir à cet endroit.

Pour démontrer plus clairement le tracé du pantalon, j'ai établi les 2e, 3e et 4e figures sur les quatre premières mesures de la figure 1.

DE LA MESURE.
Fig. 1.

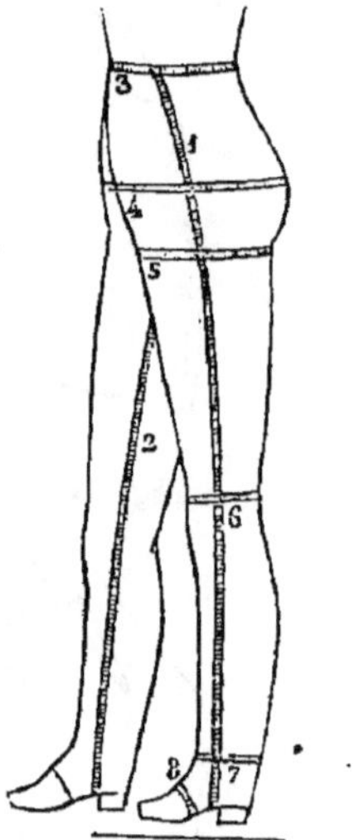

1. Longueur du côté 105
2. Longueur d'entre-jambes 80
3. Demi-grosseur de ceinture 38
4. Idem   du bassin 48
5. Idem   de cuisse 32
6. Idem   du genou 21
7. Idem   au-dessus du coude-p. 19
8. Idem   du coude-pied 12
9. Idem   Largeur du bas 22

Dans les pantalons larges du bas, on peut quelquefois se dispenser de prendre les trois dernières mesures, attendu que ce sont le plus souvent le goût ou les modes qui règlent cette largeur. On peut aussi se dispenser de prendre la hauteur du genou, en la dessinant à la demi-longueur d'entre-jambes.

DU TRACÉ.

Fig. 2.

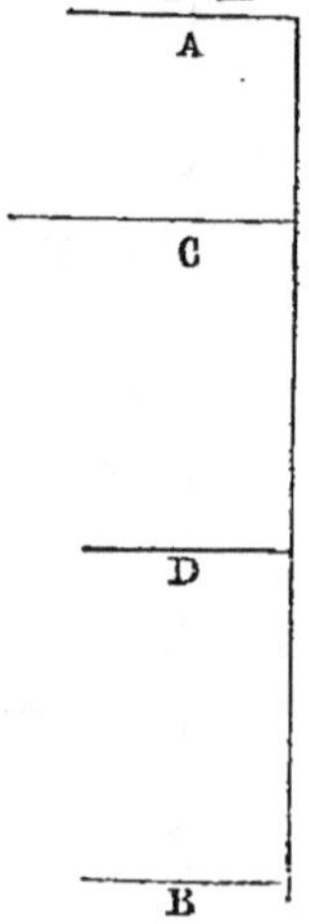

105 Sert à marquer les lignes A, B qui déterminent la longueur du côté.
 80 Marque la hauteur de la ligne C, longueur d'entre-jambes.
La ligne D, hauteur du genou, se marque par la moitié de la longueur de l'entre-jambes.
Les mesures de grosseur, 38 et 48, servent à établir la largeur du devant (voir *fig.* 3).

Fig. 3.

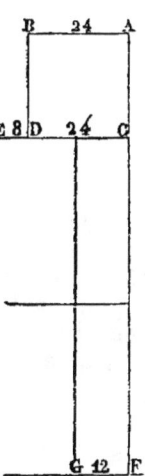

AB Largeur du haut 24 c., suivant la moitié de la demi-grosseur du bassin.

CD Même distance que AB, 24 c.

DE Profondeur du fond, 8 c. prise par le tiers de CD.

EG Milieu du bas, 12 c., moitié de CD.

Pour tous les pantalons en général, on doit suivre le même principe, quelle que soit la grosseur du tour du bassin; le quart de la grosseur totale détermine la largeur du devant; le tiers de la largeur du devant donne la profondeur du fond; le milieu de la largeur du haut marque le milieu de la largeur du bas.

La largeur du haut, la profondeur du fond et le milieu du bas, étant ainsi déterminés, on dessine ensuite le pantalon tel qu'il l'est à la figure 4.

Fig. 4.

Le haut du pantalon, côté du devant C, se rentre en dedans du carré de 1 ou 2 c. au plus, suivant ce que l'homme est mince, ou de ce qu'on désire que le pantalon dessine la ceinture et le ventre.

L'abattement du côté AB, autrement dire la distance BC, se fait suivant la moitié de la demi-grosseur de ceinture, ou le quart de la grosseur totale.

Le point D établi carrément sert de point de départ pour tracer au compas, ou avec le centimètre, le cintre de l'enfourchure.

La ligne d'aplomb E indiquant le milieu du bas, on marque de chaque côté la largeur qu'on veut lui donner. Supposant un pantalon rond tout uni du bas, de 22 c. de large, on mettra 11 de chaque côté; on dessine ensuite le genou, en rentrant de chaque côté suivant ce qu'on veut lui donner de largeur.

Fig. 5.

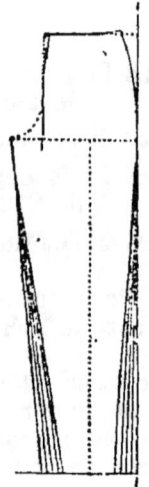

Quelle que soit la largeur du bas du devant pour pantalon droit ou ajusté, il faut toujours que la ligne du milieu, qui est la ligne d'aplomb, conserve la même position, en ajoutant ou en retirant de chaque côté selon ce qu'on veut qu'il ait de largeur.

Fig. 6.

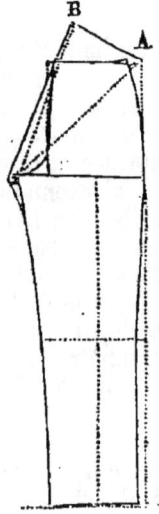

Les pantalons droits qui ne doivent nullement ajuster la botte, le bas du derrière peut se tracer absolument comme le devant.

Le derrière à la pointe du fond doit fournir deux centimètres.

Le haut, du côté du derrière, ne doit jamais être abattu pour emboîter la hanche, ce qui retirerait de la hauteur au derrière et occasionnerait de la gêne pour se baisser et s'asseoir.

La longueur du derrière de la pointe du fond à la hausse A doit être la même que celle du fond à la hanche B.

Les sous-pieds s'attachent aux côtés, sur le derrière, près de la couture; à l'entrejambes, ils s'attachent sur le devant, également près de la couture.

Fig. 7.

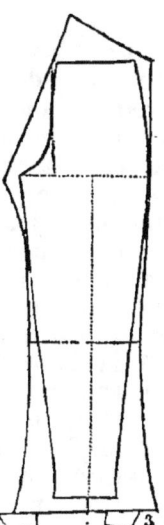

Aux pantalons dont le devant est étroit du bas, si on laisse fournir le derrière autant sur le côté qu'à l'entre-jambes, les coutures ne tomberont pas droit; celle du côté avancera sur le devant et celle de l'entre-jambes tournera en dedans; de sorte que si l'on attachait les deux côtés du sous-pied de chaque côté de la couture, le pantalon tournerait. Il faut donc, sur le côté, que le sous-pied soit placé à 3 c. de distance de la couture, et qu'à l'entre-jambes il soit moitié sur le derrière et moitié sur le devant.

Fig. 8.

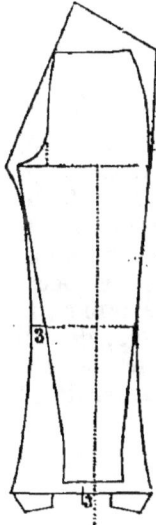

Quand on désire que les coutures tombent droit et d'aplomb, c'est-à-dire que si l'on veut que la ligne du milieu du devant tombe juste au milieu du coude-pied, on devra marquer un point qui donne le milieu du derrière, et ce point doit être fait du côté de l'entre-jambes, à 3 c. de distance du milieu du devant. C'est alors que l'on marque de chaque côté de ce point la largeur que l'on veut donner au derrière.

Les sous-pieds s'attachent près de la couture, à l'entre-jambes comme sur le côté.

Le bas des pantalons tracé de cette manière, les coutures tombent droit, et il n'est pas à craindre qu'elles tournent en dedans ni en dehors, même sans sous-pieds.

Fig. 9.

Assez généralement aujourd'hui, pour donner plus de grâce au pantalon, et pour l'économie de l'étoffe, on fait le devant très-étroit et l'on y supplée par la largeur du derrière. En suivant les principes démontrés par cette Méthode, ce changement est facile à opérer, en retirant de chaque côté du devant pour ajouter au derrière, de manière à ne rien changer dans l'aplomb. Mais je ferai remarquer, à cette occasion, ce que l'expérience m'a clairement prouvé et que je démontre par la figure ci-dessous.

A la figure 9, la pointe du fond étant à sa longueur naturelle, la couture vient tomber au-dessous du niveau de la fesse, pour que les 2 c. que le derrière fournit forment gousset et donnent place à cette partie bombante, et par conséquent se trouvant emboîtée elle n'occasionne ni gêne ni pli au pantalon.

Fig. 10.

A la figure 10, la pointe du fond du devant se trouvant plus courte, la couture est au-dessous de l'enfourchure. Lorsque cette partie, qui doit former gousset, ne se trouve pas assez près de la fesse, le pantalon bride derrière et occasionne de la gêne; il est donc préférable, lorsqu'on désire faire le devant étroit, de retirer au côté du devant pour l'ajouter au côté du derrière, mais de ne rien changer du côté de l'entre-jambes.

Fig. 11.

L'aisance, dans un pantalon, tient à trois choses : la première, il faut qu'il touche bien dans le fond ; la seconde, qu'il ne soit ni trop large ni trop étroit à la pointe du fond ; la troisième, enfin celle qui est la plus importante pour la facilité de se baisser et s'asseoir, est la hauteur du derrière ; aussi juste qu'un pantalon puisse être, s'il a assez de longueur derrière, on ne sera pas gêné dans ses mouvements.

Le derrière abattu à la hanche (N° 1), est celui qui va le mieux ; pas le moindre pli : un tricot ne peut mieux dessiner les formes ; mais manquant de hauteur, on est gêné pour se baisser et s'asseoir.

Le N° 2 est celui qui devrait être le plus généralement adopté ; il tombe parfaitement droit derrière, sans aucun mauvais pli, et il s'y trouve assez de hauteur pour ne point gêner.

Le N° 3 est celui avec lequel on est le plus à l'aise ; il convient parfaitement pour monter à cheval ou comme pantalon de fatigue ; mais il va moins bien derrière ; souvent au-dessus de la fesse il fait quelques plis en biais.

Fig. 12.

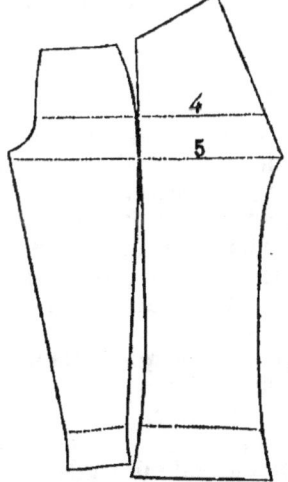

Après avoir tracé un pantalon, il est toujours prudent de vérifier ses mesures pour s'assurer de ses longueurs et largeurs. Les longueurs doivent être justes suivant la mesure, en vérifiant sur le derrière, attendu que le devant se coupe souvent plus court pour le tendage du bas. La ceinture se coupe 2 ou 3 c. de plus que la mesure, afin que la boucle puisse serrer et desserrer à volonté. Le pantalon, à la hauteur des fesse, mesure prise autour du bassin, endroit où l'homme est le plus gros (voir fig. 1re, mesure 4) ; le devant et le derrière réunis doivent avoir à cet endroit 7 c. de plus que la mesure. En supposant que la mesure prise juste sur le client porte 48 de demi-grosseur, il faut, quand le pantalon est coupé, qu'il en ait 55 ; pour les pantalons collants, 5 au lieu de 7. Le pantalon, à la hauteur du fond, grosseur de cuisse (mesure 5), doit être coupé juste suivant la mesure prise.

La largeur du genou d'un pantalon ordinaire varie de 20 à 22 centim.; celle au-dessus du coude-pied se règle suivant le goût et la mode : cette largeur varie de 36 c. au moins à 42 c. au plus ; quant à la largeur du bas, elle varie de 40 à 50 c.

Fig. 13.

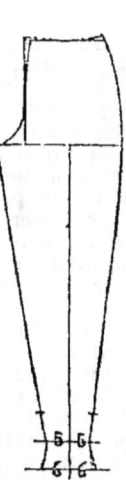

Pour qu'un pantalon ajusté fasse bien sur le coude-pied, il est nécessaire que le devant soit évidé de chaque côté à la hauteur de la cambrure, ce qui facilite beaucoup à tendre cette partie pour la faire cambrer sans devoir faire rentrer le milieu, car les pantalons dont le dessus du coude-pied est rentré au fer revient facilement, et le pantalon ne va pas longtemps bien. Ce modèle est tracé sur 44 c. de largeur du bas et 38 au-dessus du coude-pied, de manière à emboîter la botte, tel que le représente la figure 28, page 65. Si l'on voulait que le pantalon formât plus la guêtre, tel que la figure 30, par exemple, il faudrait que le devant, à la hauteur du coude-pied, fût encore plus évidé que celui-ci, c'est-à-dire qu'au lieu de mettre 5 c. de chaque côté de la ligne, il n'y en eût que 4 1/2.

Le bas du devant doit être tendu de 2 c. de chaque côté ; mais il est très-important que ces 2 c. soient tendus vis-à-vis la cambrure, car si on le faisait plus haut, le tendage ne ferait pas l'effet qu'il doit produire ; aussi est-il bon pour cela de faire une hoche un peu plus haut, pour ne pas prolonger le tendage au-delà de cette marque.

Fig. 14.

Pour faciliter à faire le cintre égal de chaque côté du derrière, on peut marquer une ligne à 2 ou 3 c. de chaque côté du coin et passer dessus, à la hauteur de 12 c.

Quand le devant est posé d'aplomb sur le derrière, c'est-à-dire le milieu du bas du devant à 3 c. de distance du milieu du derrière, il est utile d'y faire des remarques de chaque côté, pour que le pantalon ne se trouve nullement dérangé de cette position en faisant les coutures.

Le côté du devant opposé où l'on porte doit être diminué de 2 c. sur la largeur et le creusé, de manière à pouvoir le tendre un peu.

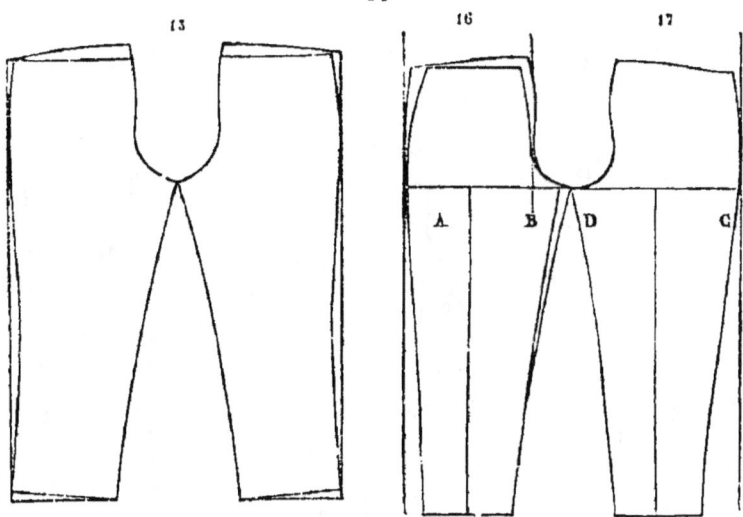

Fig. 15.

Les pantalons pour les hommes gros du ventre font quelquefois éprouver de la difficulté ; cela tient souvent de ce qu'on trace le bas du pantalon suivant la ligne du côté, ce qui fait qu'il écarte trop en bas des jambes, tel que le démontre cette figure. Lorsque les deux jambes sont rapprochées par la position naturelle de l'homme, le pantalon forme des plis dans l'enfourchure, l'excite à tordre et à faire éprouver de la gêne.

Fig. 16 *et* 17.

La figure 16 représente deux devants pour deux hommes ayant la même grosseur du tour du bassin ; l'un gros du ventre, l'autre mince de la ceinture. L'homme gros du ventre n'étant pas plus gros que l'autre à la hauteur des fesses, le pantalon ne doit donc pas être plus large à cet endroit ; c'est seulement le haut du devant qu'il faut élargir ou rétrécir suivant la grosseur de la ceinture. Aux hommes gros, la rotondité du ventre occasionne une plus longue distance entre la ceinture et le fond ; il faut que le pantalon supplée à cette longueur, en ajoutant au haut du devant ainsi qu'à la pointe du fond, 2 ou 3 c. de plus qu'on ne le ferait pour un homme proportionné.

On remarque aussi à la figure 16 que, pour l'homme mince comme pour celui qui est gros de ceinture, c'est le milieu de la largeur AB qui marque le milieu du bas. Cependant, pour les hommes très-gros de ceinture, il est préférable, pour marquer le milieu du bas, de prendre le milieu de la largeur de cuisse, CD, fig. 17, que celle AB, fig. 16 ; car, suivant la figure 17, le pantalon est coupé plus droit et par conséquent plus en rapport à sa conformation.

Le tracé du derrière pour les hommes gros ne diffère en rien des autres tracés.

— 62 —

Fig. 18.   Fig. 19.   Fig. 20.

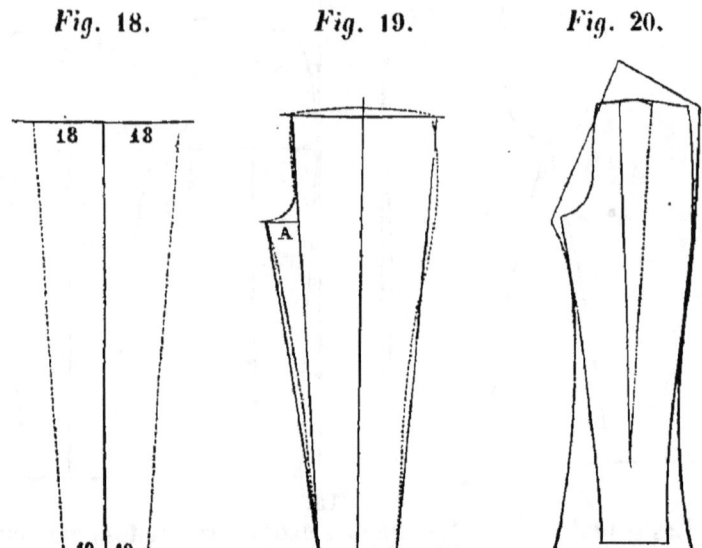

Au pantalon à plis (*fig.* 18), la ligne du milieu marque le milieu du haut et du bas, c'est-à-dire qu'on partage de chaque côté de cette ligne la largeur que doit avoir le devant du pantalon. En supposant que le quart de la grosseur de la ceinture de la personne pour qui on le coupe, soit de 20 c. et qu'on désire mettre 16 c. pour les plis : 20 et 16 font 36, que l'on partage en mettant 18 c. de chaque côté de la ligne du milieu ; supposant maintenant 20 c. de largeur du bas, on mettra également 10 c. de chaque côté. Les points de largeur du haut et du bas étant ainsi marqués, on tire une ligne droite d'un point à l'autre.

Après avoir marqué l'aplomb du devant, ainsi que la largeur du haut et du bas, tel que le démontre la figure 18, on marque ensuite la hauteur de l'entre-jambes (*fig.* 19), en faisant la ligne A qui sert à établir la profondeur du fond que l'on fait de la même longueur qu'au pantalon uni, c'est-à-dire par le tiers du quart de la grosseur totale du bassin. La hauteur de l'entre-jambes, la profondeur du fond et la ligne partant de la pointe du fond, au bas du devant, étant ainsi marqués, on cintre l'enfourchure et on dessine le genou suivant la largeur qu'on veut lui donner ; le haut du devant se cintre d'un centimètre au-dessus de la ligne.

Pour tracer le derrière, on fait un pli au milieu du devant pour le réduire à la largeur qu'il doit avoir à la hauteur du fond, suivant la mesure de la grosseur de cuisse, de manière que le derrière soit tracé comme si c'était un pantalon uni.

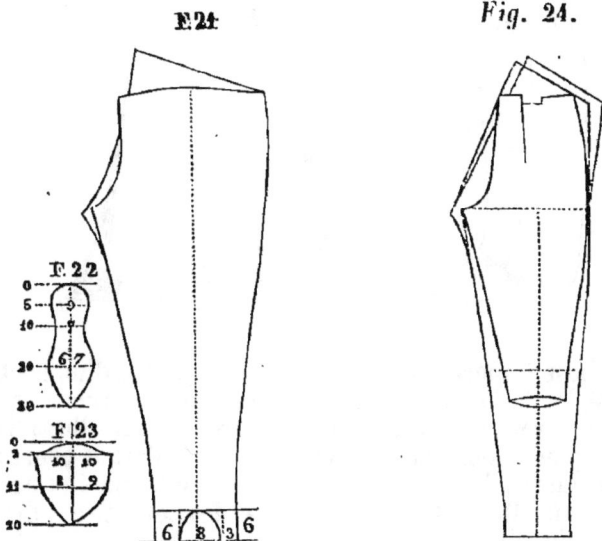

Fig. 24.

Le pantalon à pied ou pantalon du matin se coupe comme le pantalon à plis, seulement on l'évide un peu moins à l'enfourchure. Le bas a 18 de largeur, la hauteur de l'échancrure se fait à 6 c. du bas ; la largeur, de 8 à 9 c., la distance entre l'échancrure et le côté est de 3 c. ; celle de l'entre-jambes en a 6. Le haut du derrière se fait quelquefois aussi large que le devant ; la hausse se fait assez bas, de manière à froncer le pantalon tout le tour de la ceinture ; le bas du derrière s'arrondit un peu pour emboîter le talon ; on peut lever le dessus du pied et la semelle à leur grandeur naturelle, en imitant ceux-ci par le même nombre de centimètres.

Fig. 24.

Le tracé de la culotte ne diffère en rien du pantalon ordinaire, en suivant toujours la ligne du milieu pour guide. Pour les personnes âgées qui désireraient être très à l'aise, on pourrait renverser le derrière, en le faisant fournir de ce que l'on aurait abattu à la hanche ; on arrondit le bas du devant et on le soutient en montant la jarretière ; le dessous se fait un peu échancré.

Fig. 25.   Fig. 26.

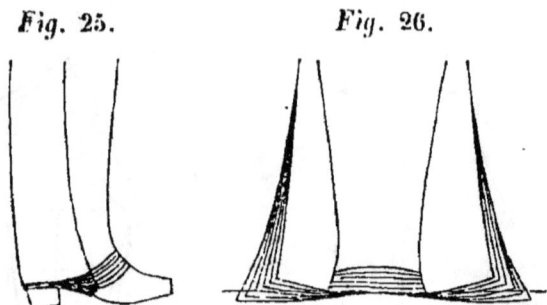

Une chose importante pour bien ajuster le bas d'un pantalon est de régler la longueur du devant suivant sa largeur; si l'on coupe le devant long à un pantalon étroit, il fera des plis sur le coude-pied; de même que si l'on coupe le devant court à un pantalon large, le devant se soulève du coude-pied et ne peut tomber naturellement sur la botte, et les côtés tirent des plis au-dessus des sous-pieds.

La figure 25 représente six pantalons de largeurs différentes, depuis 40 jusqu'à 50, et prouve évidemment que le plus large a le devant plus long que le plus étroit, et cependant le derrière est toujours de la même longueur pour l'un comme pour l'autre. La longueur du devant, du plus étroit au plus large, varie de 4 c. à peu près, ce qui fait 3/4 de centimètre environ pour chaque largeur. Ainsi, le bas du plus étroit ayant 40 c. de largeur, le devant doit être 4 c. plus court que le derrière. Le troisième, celui du milieu, ayant 44 c. de largeur du bas, le devant doit être coupé 2 c. plus court que le derrière, le plus long qui a 50 c. de largeur; le devant doit être coupé de la même longueur que le derrière; mais comme à l'une et à l'autre de ces diverses largeurs on ne doit tendre le devant que de 2 c., le derrière doit se régler de manière à ce qu'il n'ait sur le côté que 2 c. plus long que le devant; cela est facile en montant au-dessus de la ligne ou en descendant au-dessous, suivant la longueur du devant.

A l'une comme à l'autre de ces diverses largeurs, c'est toujours à 8 c. de hauteur du derrière que doivent être creusés les côtés du devant, pour les tendre et les faire cambrer, attendu que c'est presque généralement à cette hauteur que se trouve la cambrure.

Fig. 27.

Cette figure représente un pantalon presque droit, tombant bien sur la botte avec ou sans sous-pieds; le devant est plus court d'un centimètre que le derrière. Le milieu du derrière est à 3 c. du milieu du devant; les sous-pieds se montent de chaque côté de la couture.

Fig. 28.

Cette figure dessine mieux la cambrure que la précédente, attendu que le devant est creusé pour faciliter le tendage. Le devant est plus court de 2 c.; le milieu du derrière est également à 3 c. du milieu du devant, et les sous-pieds sont montés égaux de chaque côté de la couture.

 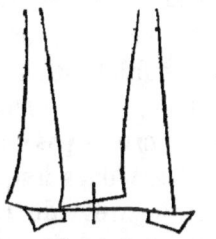

Fig. 29.

Les coutures du côté avancent de 3 c. sur le devant du pied; le milieu du derrière se marque vis-à-vis le milieu du devant; le devant, du côté de l'entre-jambes se coupe 2 c. plus court que le derrière, afin qu'il soit tendu; il faut bien se garder de faire emboîre la couture du côté, ce qui ferait tirer des plis au-dessus du sous-pied; le sous-pied se monte sur le côté, à 3 c. de la couture, à l'entre-jambes, moitié sur le devant, moitié sur le derrière.

 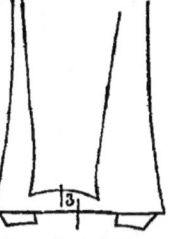

Fig. 30.

Le pantalon échancré est coupé 2 c. plus court sur les côtés du devant et est creusé de 1 c. au moins; le milieu du derrière est à 3 c. du milieu du devant; les sous-pieds sont montés égaux de chaque côté de la couture.

TABLEAUX

Pour faciliter à connaître le Prix d'un nombre de centimètres suivant la valeur du mètre.

Le système métrique offre une bien grande facilité pour connaître le prix d'une fraction du mètre, attendu que celui-ci est en rapport avec le franc et les centimètres avec les centimes ; puisque le franc est composé de 100 centimes, de même le mètre est également composé de 100 centimètres, ce qui fait que le centimètre vaut autant de centimes que le mètre vaut de francs. Ainsi, supposant une étoffe coûtant 25 fr. le mètre, le centimètre est à 25 c. ; de même qu'une étoffe coûtant 1 fr. le mètre, le centimètre vaut 1 c. Pour savoir, par exemple, ce que coûtent 35 centimètres d'étoffe à 17 fr. le mètre, il faut calculer combien font 35 fois 17 c., ce qui s'obtient facilement par la multiplication ; mais comme tout le monde n'est pas apte au calcul, particulièrement les personnes qui ne le pratiquent pas, j'ai cru ne pas nuire à cet ouvrage en ajoutant les tableaux qui suivent, dans lesquels on trouve le prix fait depuis 5 jusqu'à 95 centimètres, de 1 à 30 fr. le mètre.

PRIX DE 5 C. DE 1 A 30 F. LE MÈTRE.					PRIX DE 10 C. DE 1 A 30 F. LE MÈTRE.				
5 c.	à	1 f.	font	» f. 05 c.	10 c.	à	1 f.	font	» f. 10 c.
5		2	—	» 10	10		2	—	» 20
5		3	—	» 15	10		3	—	» 30
5		4	—	» 20	10		4	—	» 40
5		5	—	» 25	10		5	—	» 50
5		6	—	» 30	10		6	—	» 60
5		7	—	» 35	10		7	—	» 70
5		8	—	» 40	10		8	—	» 80
5		9	—	» 45	10		9	—	» 90
5		10	—	» 50	10		10	—	1 »
5		11	—	» 55	10		11	—	1 10
5		12	—	» 60	10		12	—	1 20
5		13	—	» 65	10		13	—	1 30
5		14	—	» 70	10		14	—	1 40
5		15	—	» 75	10		15	—	1 50
5		16	—	» 80	10		16	—	1 60
5		17	—	» 85	10		17	—	1 70
5		18	—	» 90	10		18	—	1 80
5		19	—	» 95	10		19	—	1 90
5		20	—	1 »	10		20	—	2 »
5		21	—	1 05	10		21	—	2 10
5		22	—	1 10	10		22	—	2 20
5		23	—	1 15	10		23	—	2 30
5		24	—	1 20	10		24	—	2 40
5		25	—	1 25	10		25	—	2 50
5		26	—	1 30	10		26	—	2 60
5		27	—	1 35	10		27	—	2 70
5		28	—	1 40	10		28	—	2 80
5		29	—	1 45	10		29	—	2 90
5		30	—	1 50	10		30	—	3 »

PRIX DE 15 C.					PRIX DE 20 C.				
DE 1 A 30 F. LE MÈTRE.					DE 1 A 30 F. LE MÈTRE.				
15 c. à	1 f.	font	» f.	15 c.	20 c. à	1 f.	font	» f.	20 c.
15	2	—	»	30	20	2	—	»	40
15	3	—	»	45	20	3	—	»	60
15	4	—	»	60	20	4	—	»	80
15	5	—	»	75	20	5	—	1	»
15	6	—	»	90	20	6	—	1	20
15	7	—	1	05	20	7	—	1	40
15	8	—	1	20	20	8	—	1	60
15	9	—	1	35	20	9	—	1	80
15	10	—	1	50	20	10	—	2	»
15	11	—	1	65	20	11	—	2	20
15	12	—	1	80	20	12	—	2	40
15	13	—	1	95	20	13	—	2	60
15	14	—	2	10	20	14	—	2	80
15	15	—	2	25	20	15	—	3	»
15	16	—	2	40	20	16	—	3	20
15	17	—	2	55	20	17	—	3	40
15	18	—	2	70	20	18	—	3	60
15	19	—	2	85	20	19	—	3	80
15	20	—	3	»	20	20	—	4	»
15	21	—	3	15	20	21	—	4	20
15	22	—	3	30	20	22	—	4	40
15	23	—	3	45	20	23	—	4	60
15	24	—	3	60	20	24	—	4	80
15	25	—	3	75	20	25	—	5	»
15	26	—	3	90	20	26	—	5	20
15	27	—	4	05	20	27	—	5	40
15	28	—	4	20	20	28	—	5	60
15	29	—	4	35	20	29	—	5	80
15	30	—	4	50	20	30	—	6	»

PRIX DE 25 C.					PRIX DE 30 C.				
DE 1 A 30 F. LE MÈTRE.					DE 1 A 30 F. LE MÈTRE.				
25 c.	à	1 f.	font	» f. 25 c.	30 c.	à	1 f.	font	» f. 30 c.
25		2	—	» 50	30		2	—	» 60
25		3	—	» 75	30		3	—	» 90
25		4	—	1 »	30		4	—	1 20
25		5	—	1 25	30		5	—	1 50
25		6	—	1 50	30		6	—	1 80
25		7	—	1 75	30		7	—	2 10
25		8	—	2 »	30		8	—	2 40
25		9	—	2 25	30		9	—	2 70
25		10	—	2 50	30		10	—	3 »
25		11	—	2 75	30		11	—	3 30
25		12	—	3 »	30		12	—	3 60
25		13	—	3 25	30		13	—	3 90
25		14	—	3 50	30		14	—	4 20
25		15	—	3 75	30		15	—	4 50
25		16	—	4 »	30		16	—	4 80
25		17	—	4 25	30		17	—	5 10
25		18	—	4 50	30		18	—	5 40
25		19	—	4 75	30		19	—	5 70
25		20	—	5 »	30		20	—	6 »
25		21	—	5 25	30		21	—	6 30
25		22	—	5 50	30		22	—	6 60
25		23	—	5 75	30		23	—	6 90
25		24	—	6 »	30		24	—	7 20
25		25	—	6 25	30		25	—	7 50
25		26	—	6 50	30		26	—	7 80
25		27	—	6 75	30		27	—	8 10
25		28	—	7 »	30		28	—	8 40
25		29	—	7 25	30		29	—	8 70
25		30	—	7 50	30		30	—	9 »

PRIX DE 35 C.				PRIX DE 40 C.			
DE 1 A 30 F. LE MÈTRE.				DE 1 A 30 F. LE MÈTRE.			
35 c. à	1 f.	font	» f. 35 c.	40 c. à	1 f.	font	» f. 40 c.
35	2	—	» 70	40	2	—	» 80
35	3	—	1 05	40	3	—	1 20
35	4	—	1 40	40	4	—	1 60
35	5	—	1 75	40	5	—	2 »
35	6	—	2 10	40	6	—	2 40
35	7	—	2 45	40	7	—	2 80
35	8	—	2 80	40	8	—	3 20
35	9	—	3 15	40	9	—	3 60
35	10	—	3 50	40	10	—	4 »
35	11	—	3 85	40	11	—	4 40
35	12	—	4 20	40	12	—	4 80
35	13	—	4 55	40	13	—	5 20
35	14	—	4 90	40	14	—	5 60
35	15	—	5 25	40	15	—	6 »
35	16	—	5 60	40	16	—	6 40
35	17	—	5 95	40	17	—	6 80
35	18	—	6 30	40	18	—	7 20
35	19	—	6 65	40	19	—	7 60
35	20	—	7 »	40	20	—	8 »
35	21	—	7 35	40	21	—	8 40
35	22	—	7 70	40	22	—	8 80
35	23	—	8 05	40	23	—	9 20
35	24	—	8 40	40	24	—	9 60
35	25	—	8 75	40	25	—	10 »
35	26	—	9 10	40	26	—	10 40
35	27	—	9 45	40	27	—	11 80
35	28	—	9 80	40	28	—	11 20
35	29	—	10 15	40	29	—	11 60
35	30	—	10 50	40	30	—	12 »

PRIX DE 45 C.				PRIX DE 55 C.			
DE 1 A 30 F. LE MÈTRE.				DE 1 A 30 F. LE MÈTRE.			
45 c. à	1 f. font	» f.	45 c.	55 c. à	1 f. font	» f.	55 c.
45	2	—	» 90	55	2	—	1 10
45	3	—	1 35	55	3	—	1 65
45	4	—	1 80	55	4	—	2 20
45	5	—	2 25	55	5	—	2 75
45	6	—	2 70	55	6	—	3 30
45	7	—	3 15	55	7	—	3 85
45	8	—	3 60	55	8	—	4 40
45	9	—	4 05	55	9	—	4 95
45	10	—	4 50	55	10	—	5 50
45	11	—	4 95	55	11	—	6 05
45	12	—	5 40	55	12	—	6 60
45	13	—	5 85	55	13	—	7 15
45	14	—	6 30	55	14	—	7 70
45	15	—	6 75	55	15	—	8 25
45	16	—	7 20	55	16	—	8 80
45	17	—	7 65	55	17	—	9 35
45	18	—	8 10	55	18	—	9 90
45	19	—	8 55	55	19	—	10 45
45	20	—	9 »	55	20	—	11 »
45	21	—	9 45	55	21	—	11 55
45	22	—	9 90	55	22	—	12 10
45	23	—	10 35	55	23	—	12 65
45	24	—	10 80	55	24	—	13 20
45	25	—	11 25	55	25	—	13 75
45	26	—	11 70	55	26	—	14 30
45	27	—	12 15	55	27	—	14 85
45	28	—	12 60	55	28	—	15 40
45	29	—	13 05	55	29	—	15 95
45	30	—	13 50	55	30	—	16 50

PRIX DE 60 C.				PRIX DE 65 C.			
DE 1 A 30 F. LE MÈTRE.				DE 1 A 30 F. LE MÈTRE.			
60 c. à	1 f. font	» f.	60 c.	65 c. à	1 f. font	» f.	65 c.
60	2	—	1 20	65	2	—	1 30
60	3	—	1 80	65	3	—	1 95
60	4	—	2 40	65	4	—	2 60
60	5	—	3 »	65	5	—	3 25
60	6	—	3 60	65	6	—	3 90
60	7	—	4 20	65	7	—	4 55
60	8	—	4 80	65	8	—	5 20
60	9	—	5 40	65	9	—	5 85
60	10	—	6 »	65	10	—	6 50
60	11	—	6 60	65	11	—	7 15
60	12	—	7 20	65	12	—	7 80
60	13	—	7 80	65	13	—	8 45
60	14	—	8 40	65	14	—	9 10
60	15	—	9 »	65	15	—	9 75
60	16	—	9 60	65	16	—	10 40
60	17	—	10 20	65	17	—	11 05
60	18	—	10 80	65	18	—	11 70
60	19	—	11 40	65	19	—	12 35
60	20	—	12 »	65	20	—	13 »
60	21	—	12 60	65	21	—	13 65
60	22	—	13 20	65	22	—	14 30
60	23	—	13 80	65	23	—	14 95
60	24	—	14 40	65	24	—	15 60
60	25	—	15 »	65	25	—	16 25
60	26	—	15 60	65	26	—	16 90
60	27	—	16 20	65	27	—	17 55
60	28	—	16 80	65	28	—	18 20
60	29	—	17 40	65	29	—	18 85
60	30	—	18 »	65	30	—	19 50

PRIX DE 70 C.				PRIX DE 75 C.			
DE 1 A 30 F. LE MÈTRE.				DE 1 A 30 F. LE MÈTRE.			
70 c. à	1 f. font	» f.	70 c.	75 c. à	1 f. font	» f.	75 c.
70	2	—	1 40	75	2	—	1 50
70	3	—	2 10	75	3	—	2 25
70	4	—	2 80	75	4	—	3 »
70	5	—	3 50	75	5	—	3 75
70	6	—	4 20	75	6	—	4 50
70	7	—	4 90	75	7	—	5 25
70	8	—	5 60	75	8	—	6 »
70	9	—	6 30	75	9	—	6 75
70	10	—	7 »	75	10	—	7 50
70	11	—	7 70	75	11	—	8 25
70	12	—	8 40	75	12	—	9 »
70	13	—	9 10	75	13	—	9 75
70	14	—	9 80	75	14	—	10 50
70	15	—	10 50	75	15	—	11 25
70	16	—	11 20	75	16	—	12 »
70	17	—	11 90	75	17	—	12 75
70	18	—	12 60	75	18	—	13 50
70	19	—	13 30	75	19	—	14 25
70	20	—	14 »	75	20	—	15 »
70	21	—	14 70	75	21	—	15 75
70	22	—	15 40	75	22	—	16 50
70	23	—	16 10	75	23	—	17 25
70	24	—	16 80	75	24	—	18 »
70	25	—	17 50	75	25	—	18 75
70	26	—	18 20	75	26	—	19 50
70	27	—	18 90	75	27	—	20 25
70	28	—	19 60	75	28	—	21 »
70	29	—	20 30	75	29	—	21 75
70	30	—	21 »	75	30	—	22 50

PRIX DE 80 C.				PRIX DE 85 C.			
DE 1 A 30 F. LE MÈTRE.				DE 1 A 30 F. LE MÈTRE.			
80 c. à	1 f. font	» f.	80 c.	85 c. à	1 f. font	» f.	85 c.
80	2 —	1	60	85	2 —	1	70
80	3 —	2	40	85	3 —	2	55
80	4 —	3	20	85	4 —	3	40
80	5 —	4	»	85	5 —	4	25
80	6 —	4	80	85	6 —	5	10
80	7 —	5	60	85	7 —	5	95
80	8 —	6	40	85	8 —	6	80
80	9 —	7	20	85	9 —	7	65
80	10 —	8	»	85	10 —	8	50
80	11 —	8	80	85	11 —	9	35
80	12 —	9	60	85	12 —	10	20
80	13 —	10	40	85	13 —	11	05
80	14 —	11	20	85	14 —	11	90
80	15 —	12	»	85	15 —	12	75
80	16 —	12	80	85	16 —	13	60
80	17 —	13	60	85	17 —	14	45
80	18 —	14	40	85	18 —	15	30
80	19 —	15	20	85	19 —	16	15
80	20 —	16	»	85	20 —	17	»
80	21 —	16	80	85	21 —	17	85
80	22 —	17	60	85	22 —	18	70
80	23 —	18	40	85	23 —	19	55
80	24 —	19	20	85	24 —	20	40
80	25 —	20	»	85	25 —	21	25
80	26 —	20	80	85	26 —	22	10
80	27 —	21	60	85	27 —	22	95
80	28 —	22	40	85	28 —	23	80
80	29 —	23	20	85	29 —	24	65
80	30 —	24	»	85	30 —	25	50

| PRIX DE 90 C. | | | | PRIX DE 95 C. | | | |
DE 1 A 30 F. LE MÈTRE.				DE 1 A 30 F. LE MÈTRE.			
90 c. à	1 f. font	» f.	90 c.	95 c. à	1 f. font	» f.	95 c.
90	2	—	1 80	95	2	—	1 90
90	3	—	2 70	95	3	—	2 85
90	4	—	3 60	95	4	—	3 80
90	5	—	4 50	95	5	—	4 75
90	6	—	5 40	95	6	—	5 70
90	7	—	6 30	95	7	—	6 65
90	8	—	7 20	95	8	—	7 60
90	9	—	8 10	95	9	—	8 55
90	10	—	9 »	95	10	—	9 50
90	11	—	9 90	95	11	—	10 45
90	12	—	10 80	95	12	—	11 40
90	13	—	11 70	95	13	—	12 35
90	14	—	12 60	95	14	—	13 30
90	15	—	13 50	95	15	—	14 25
90	16	—	14 40	95	16	—	15 20
90	17	—	15 30	95	17	—	16 15
90	18	—	16 20	95	18	—	17 10
90	19	—	17 10	95	19	—	18 05
90	20	—	18 »	95	20	—	19 »
90	21	—	18 90	95	21	—	19 95
90	22	—	19 80	95	22	—	20 90
90	23	—	20 70	95	23	—	21 85
90	24	—	21 60	95	24	—	22 80
90	25	—	22 50	95	25	—	23 75
90	26	—	23 40	95	26	—	24 70
90	27	—	24 30	95	27	—	25 65
90	28	—	25 20	95	28	—	26 60
90	29	—	26 10	95	29	—	27 55
90	30	—	27 »	95	30	—	28 50

— 76 —

Modèles de divers Objets que j'ai inventés pour faciliter et garantir la Coupe des Vêtements.

La *fig.* 1re est un corsage en drap pouvant s'élargir et se rétrécir dans tous les sens, de manière à pouvoir obtenir les proportions les plus justes, quelle que soit la conformation des personnes à qui on l'essaie.

Fig. 1re.

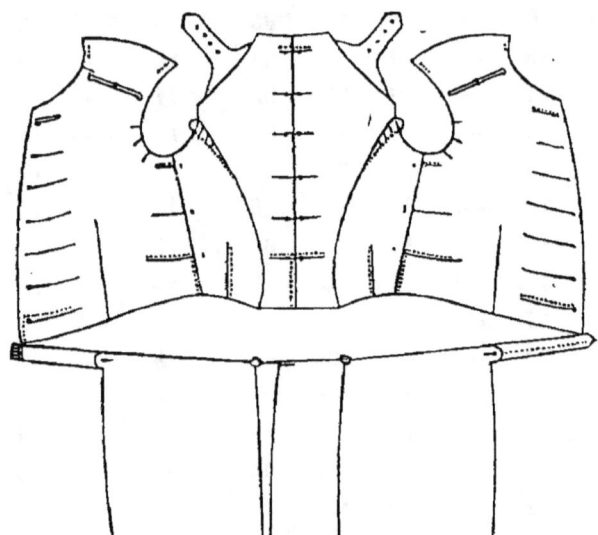

La *fig.* 2 est un centimètre élastique avec lequel on obtient les mesures de longueur de pantalon bien plus justes qu'avec le centimètre ordinaire ; il offre de plus l'avantage de pouvoir se prendre mesure soi-même.

Les *fig.* 3 et 4 représentent le dessus et le revers d'une règle avec laquelle on peut en quelques minutes, et sans devoir recourir ni au calcul ni à la Méthode, tracer tous les modèles qu'on peut désirer.

La manière de s'en servir est si facile que souvent une leçon suffit pour la savoir.

La *fig.* 5 est une règle marquée de la même manière que la précédente, à l'exception de deux équerres mobiles qui se renferment dans la règle de manière à rendre encore le tracé plus prompt et plus facile.

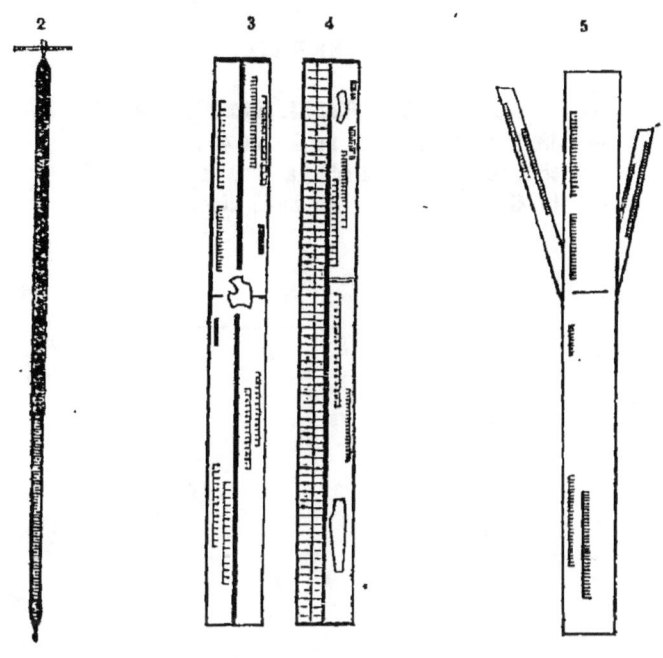

PRIX.

Règles à filets en bon bois des îles et bien gravées.	10 fr.
Règles en carton de couleur imprimé et glacé....	2
Cours complet, de 7 à 10 heures du soir	12
Leçons particulières............................	2
Leçons à domicile..............................	3

MM. les maîtres tailleurs qui, par absence, indisposition ou tout autre motif, se trouveraient gênés pour la coupe de quelques pièces, peuvent se présenter ou me faire demander à mon domicile, je traiterai avec eux soit aux pièces, soit à l'heure.

ERRATA.

Page 16. Au lieu de 29, 30 et 31, *lisez* 30, 31 et 32.
— 43. Mesure du coude, au lieu de 45, *lisez* 55.
— 46. Longueur de manche, au lieu de 34, *lisez* 84.
— Id. Gros du bras, au lieu de 43, *lisez* 18.

TABLE.

	Pages.
INTRODUCTION	1
Des Mesures	3
De la Méthode	5
Du Tracé	6
TRACÉ des Devants	8
— du Dos	11
— de la Manche	12
— des Jupes de Redingotes	13
— des Basques d'Habits	14
— de la Rotonde	15
— de la pièce d'épaule	Id.
— des Manches à une couture	Id.
— du Bonnet de police	Id.
— de la Guêtre	Id.
Des Changements de conformation	16
De la tenue droite	17
— voûtée	Id.
— renversée	Id.
Du Genre mince	18
— gros	19
Des variations de Coupes	20
Du Paletot	22
De l'Amazone	Id.
De l'Uniforme	23
De l'Habit de cour	Id.
Du Paletot-sac	24
Du Twine	Id.
De la Soutane	25
Des Manteaux	26
Maniere de connaître la valeur d'une Coupe	28

TABLE.

	Pages.
De l'Essayage et des Retouches	30
Défaut d'une Coupe trop renversée	Id.
Défaut d'une Coupe trop droite	31
Défaut d'une Coupe trop cambrée	Id.
Défaut d'une Coupe dont les côtés sont trop droites	32
Défaut d'une Coupe dont les côtés sont trop bas	Id.
Observations importantes	33
Plan de Tracé économique	34
Désignation d'Aunage pour chaque Taille	35
Table des centimètres divisés par 1/4, 1/2, 3/4, 1/3 et 2/3	48
MÉTHODE DES GILETS	49
De la Mesure	Id.
Du Tracé	50
Des divers Genres de Gilets	54
MÉTHODE DES PANTALONS	52
De la Mesure	Id.
Du Tracé	Id.
De l'aplomb	56
Du Pantalon droit	Id.
— ajusté	58
Du genre gros	61
Du Pantalon à plis	62
— du matin	63
De la Culotte	Id.
Des diverses largeurs du bas	65
Comparaison du Mètre avec le Franc	66
Table des Centimètres multipliés en Francs et Centimes	67
Modèle de Corsages, Règle et Mesure de mon Invention pour faciliter la Coupe des Vêtements	76

FIN.

Paris. — Typographie de PAUL DUPONT, rue de Grenelle-Saint-Honoré, 55.

www.ingramcontent.com/pod-product-compliance
Lightning Source LLC
LaVergne TN
LVHW020943090426
835512LV00009B/1687